Ошибка

Ошибка
Copyright © 2024 indo-europan Publishing

ISBN 13: 9781644397237

Гайто Газданов

СОДЕРЖАНИЕ

СОДЕРЖАНИЕ

ОШИБКА

Василий Васильевич в течение целого часа ходил по квартире, заглядывая под столы и диваны, зажигал всюду электричество — в городе уже наступили медленные сумерки, — но все поиски его оставались безрезультатными. Он много раз обошел все комнаты, обшарил диваны и кресла, залезал рукой в мягкие пространства, наполненные бархатом и пылью, в которых нашел обрывки бумажек, английские булавки и пропавшего из колоды карт короля пик, но того, что он искал, не было нигде. Неутомимо он снова принимался за поиски; он собирался уже влезть на буфет, подставив к нему кресло, как вдруг неожиданно заметил, что из—под тяжелой молочно—белой вазы, стоявшей на маленьком столике, выглядывает угол его черной тетрадки. Он потянул ее к себе, столик пошатнулся, но тетрадка не сдвинулась; он дернул сильнее, и тогда, смешно накренившись набок, столик упал вместе с вазой, она звонко ударилась о паркет и разбилась на маленькие белые куски, быстро раскатившиеся по полу. Василий Васильевич стоял, затаив дыхание и прислушиваясь к тишине, особенно удивительной после звонкого грохота. Почти совсем стемнело, синий диван казался черным, смутно желтел циферблат часов, тускло сверкал диск хвостатого маятника, за окном неподвижно, как на картинке, росли темные деревья; потом, через несколько секунд, на улице зажглись фонари, и тогда бледное их сияние проникло в квартиру и осветило лежавший на полу столик, осколки белого стекла и самого Василия Васильевича с, наконец, найденной тетрадкой в руке; на Василии Васильевиче были длинные штаны и матросская куртка. Он стоял как зачарованный, открыв большие синие глаза и глядя на неподвижную белую россыпь на полу. Казалось, что прошло очень много времени до той минуты, пока послышались неторопливые шаги, зажглось электричество, и голос с порога сказал:

— Что ты разбил, Василий Васильевич? И только тогда Василий Васильевич заплакал, закрыв лицо руками и поняв всю непоправимость того, что он сделал.

— Но зачем же ты ее трогал?

И Василий Васильевич, всхлипывая и от отчаяния говоря невнятно, объяснил, что он искал тетрадку, в которой отец ему

1

сегодня утром нарисовал замечательного чертика, что тетрадка оказалась под вазой, что он ее потянул, и тогда ваза случайно упала.

— Ну, хорошо, — сказала ему мать. — Теперь помоги мне собрать осколки, только смотри не порежься.

— А они острые? — спросил Василий Васильевич.

— Очень острые.

— А ваза была не острая.

— А Василий Васильевич был очень глупый мальчик.

— Неправда, — сказал Василий Васильевич.

Сначала было только кресло, с твердым и упругим сиденьем, потом мелькнуло лицо кинематографической красавицы, потом вспомнился вкус воды в купальне, потом маринованная рыба, которую вчера приготовила Наташа, затем две строки из давнего письма — "Вам я верю всегда, и безгранично, и я надеюсь, что, пока я жив, нет вещей, которые могли бы поколебать эту уверенность"; но эти строки уже имели отношение к тому, о чем совсем не следовало думать и что, в сущности, почти не существовало; надо было думать о другом, например, об итальянской выставке, об искусстве, о скульптуре; но все эти мысли не имели сейчас ни обычной убедительности, ни обычного содержания; они не уходили, но не поглощали внимания, они становились утомительными и бесплодными, как давно в гимназии заданный и обязательный урок. И это усилие — не думать о том, что почти не существовало — напоминало физическое напряжение, доходящее уже до конца, — когда болят мускулы, и стучит в висках, и хочется остановиться и бросить все. И главное, все было напрасно и не нужно, потому что вся жизнь до сих пор была счастлива, удачна и правильна, как классическое построение отвлеченной схемы, непогрешимое в своем исполнении. Она заключала в себе — вплоть до последнего времени длинную смену ощущений, воспоминаний, волнений, из которых каждое было продолжением того самого счастливого начала, которое затерялось во времени и осталось где-то далеко позади, может быть, в детстве, на берегу моря. Оно усложнялось, обогащалось, становилось со временем все глубже и все, казалось бы, несомненнее, — и вне этого существовал лишь внешний незначительный мир, почти нереальный и бессильный над тем, что составляло самую сущность жизни. Только лет восемь тому назад возникло и исчезло сомнение, чувство необъяснимой, случайной пустоты — точно все-таки чего-то не хватало, — но потом появился

Василий Васильевич, и тогда стало несомненнее, чем когда бы то ни было, что все разрешено раз навсегда самым лучшим и самым приятным образом. Дни и недели, особенно запомнившиеся за это время, отличались свежим и сильным восприятием всего, что происходило вокруг, до мельчайших и незначительных подробностей — и сознанием того, что гибкая возможность понять как можно больше вещей и ощущений почти безгранична. И когда это останавливалось, то уже достигнутые состояния счастья были неизменны, как все теперь в этой квартире, где тишина и сумрак. Было действительно очень тихо и сумрачно, и неподвижно, и все, казалось, в эти минуты, уже вернулось к классической схеме, обогащенной еще одним днем, еще одним усилием воображения в тишине, — как вдруг, резко неожиданно, с неслыханной, отчаянной звонкостью сорвался и прокатился по квартире шум разбитого стекла.

————————

Василий Васильевич давно уже спал, открыв наполовину рот и подвернув маленькую скрюченную руку под голову, давно ушла Наташа, кресло сменилось диваном, у изголовья которого горела лампа с зеленым абажуром; осколки стекла были собраны и выброшены, все остальное было решено и установлено; но оставалось все-таки найти во всех этих привычных и милых вещах, из которых состояла жизнь, то место, которое оказалось незащищенным, тот point de depart[1], после которого иногда вещи приобретали иное значение и теряли свою прежнюю форму. Где, когда, почему это могло случиться? В ранней юности были дурные желания, несколько нехороших поцелуев, но это объяснялось возрастом, а не испорченностью или отсутствием точного представления о том, что хорошо и что дурно. Потом была любовь и брак, и холодный взгляд матери, ненавидевшей всех счастливых людей на свете, и благословение иконой, древней, как мир, и настолько почерневшей, что нельзя уже было разобрать, который святой был на ней нарисован; чернело только едва различаемое лицо, с небольшими строгими глазами, да желтел ободок вокруг головы, но все это имело очень условное и символическое значение, и никто — ни благословлявшие, ни благословляемые — даже не смотрел на икону, которую по окончании церемонии поставили на прежнее место, заслонив ее высохшей, побуревшей от времени зеленью. Еще до этого

————————

[1] исходный пункт (фр.).

была Россия, светлая квартира с громадными окнами, гимназия, уроки языков, — все как у людей, — с презрением говорила мать, которая всю жизнь ждала либо страшной личной трагедии, либо катастрофы и которая обычное безбедное существование считала унизительным и недостойным; всегда собиралась то в монастырь, то в революционерки и говорила мужу, что так жить нельзя и стыдно; но не пошла ни в монастырь, ни в революцию и продолжала ездить в театр и принимать знакомых, глубоко презирая эту благополучную жизнь. Она оживлялась только тогда, когда с кем-нибудь действительно происходило несчастье, кто-нибудь был при смерти; тогда, оставляя все, она отправлялась туда, понукая кучера, привозила докторов, тратила, не считая, деньги, заботилась о сиротах и вообще делала множество добра, которому, однако, должна была предшествовать смерть или вообще нечто настолько непоправимое, что никакие деньги и никакие заботы уже не могли ничему помочь. Она не любила свою дочь, не любила сына, не любила мужа; зато постоянно к ней приходили всевозможные просители и просительницы, иногда ужасного вида, калеки, с вывороченными веками, пьяницы, чахоточные, несчастные и жалкие люди, которым она давала деньги, одежду, о которых заботилась как о родных, — и потом, входя в столовую, где все затихали при ее появлении, говорила:

— Ну, поблагодарим Бога за то, что мы еще сегодня сыты.

И ее муж пожимал плечами, привыкнув за тридцать лет к этой ежедневной комедии.

Она ненавидела и презирала все, в чем проявлялось здоровье, счастье, богатство, любовь, — все положительные

вещи вызывали с ее стороны только насмешку и вражду. Когда жених ее дочери пришел к ней, — это было уже за границей, в Берлине, но в доме не изменилось почти ничего, — (и такие же бедняки по-прежнему теснились на черной лестнице, только среди них стали попадаться немцы вместе с русскими), и сказал, что он просит руки Екатерины Максимовны, она помолчала, глядя на него с гневом, и ответила, что она очень счастлива, и это звучало такой ненавистью и издевательством, что он ушел, смутившись и почти испугавшись этого непонятного гнева. И в день свадьбы, в тугом накрахмаленном платье, она принимала поздравления, потом вызвала к себе дочь и сказала ей, что существуют известные законы природы и инстинкт размножения и plaisirs

4

de la lune de miel², и что, в конце концов, случившееся хотя и грустно, но нормально; и советовала дочери все же иногда вспоминать о том, что в Берлине есть десятки тысяч людей, которые голодают.

И только отец иногда говорил дочери:

— Ничего не поделаешь, Катя. Мама у нас несчастная.

И было так удивительно, что потом, живя в Париже, Катя получила от матери первое письмо:

"Милая моя Катюша, моя нежная девочка..." И все было составлено из таких ласковых выражений, которых она никогда не употребляла, все было так близко и тепло и так непостижимо и неожиданно, что Катя плакала над этим первым письмом и показала его мужу, который сказал, что он всегда был лучшего мнения о своей belle—mere³, чем мнение всех окружающих, потому что в этой женщине несомненно много хорошего, только это неудачно выражено. И в день рождения Василия Васильевича первое лицо, которое увидела Катя, было лицо ее матери; она, впрочем, тотчас же уехала, констатировав с грустью — как сказал брат Кати, — что, к сожалению, и Катя и ее потомок совершенно здоровы и находятся вне опасности. Когда мать встретила в клинике своего сына, которого не видела несколько лет, она ему сказала: здравствуй, — почти вопросительным тоном. — Ты что, собственно, здесь делаешь? — У меня, мама, сестра рожает, — ответил он. — Да, только тебе-то здесь нечего делать, — опять сказала она и направилась в палату, из которой слышались крики ее дочери.

Потом рождение Василия Васильевича было отпраздновано, как только Катя оправилась, втроем: была Катя, ее муж и брат, пили шампанское, послали телеграмму родителям и произносили тосты в честь Василия Васильевича, который на другом конце квартиры мирно спал, туго завернутый в пеленки. Васильем Васильевичем его назвал Александр, брат Кати, который ей сказал:

— Посмотри, какой он важный, просто неловко к нему по имени обращаться. Его надо звать Василий Васильевич. — И так это и установилось, и все потом привыкли и совершенно серьезно говорили:

— А где Василий Васильевич, что Василий Васильевич? Василий Васильевич был маленький и толстый, вначале

---

² удовольствия медового месяца (фр.).
³ теще (фр.).

5

ползал, потом ходил по квартире и падал, молчал и смотрел на всех серьезными блестящими глазами. Больше всех любил дядю, потом маму, потом, может быть, папу, — как он сказал, когда его спросили об этом в сотый раз и когда он впервые употребил выражение "может быть".

———————

Она принимала ванну поздно вечером, перед тем как лечь в кровать, когда пришел ее муж. Он толкнул стеклянную дверь, вошел и увидел Катю в ванне, и ей вдруг стало нестерпимо стыдно своего тела, — и она с удивлением ощутила этот жгучий и совершенно непонятный стыд, — что-то изменилось, что-то было не так, как всегда. Он сказал, — извини меня, Катюша, пожалуйста, je suis un peu dans la lune[4], — и вышел из ванной. С краской, заливающей ей лицо, она надела купальный халат и прошла в свою спальню. Он явился туда через несколько минут, неся на подносе чай, — тебе, наверное, хочется чаю после ванны? — Спасибо, ты мил, как всегда. — Он сел в кресло, рассказал ей о торжественном обеде, с которого вернулся; она слушала его точно издалека и с удивлением, как будто впервые, замечала, как умно он говорил о людях, как сразу понимал, что важно и что несущественно, и всегда знал, что нужно сказать и что нужно сделать. Он никогда, кажется, еще не ошибся — ни в определении, ни в поступке, — и так было всегда, и она привыкла очень верить ему во всем. Вначале она сомневалась, проверяла его чувства, подвергала его многочисленным и разнообразным испытаниям — и всегда подтверждались самые лучшие предположения, потому ли, что он действительно любил ее больше всего на свете, как он говорил, или потому, что ему помогал его чудовищный, как ей казалось, ум. Второе предположение возникло потому, что этот человек был слеп или делал вид, что был слеп, только в одном — в своем отношении к жене. Он ничему не верил — ни людям, ни идеям, ни отношениям, все было построено только на расчете, и Катю иногда удивляли его беспощадные суждения о людях, которые почти всегда подтверждались; он твердо знал, как нужно говорить с таким-то и как с другим, и не высказывал никаких бесполезных чувств. Он все вещи понимал сразу, и, только оставаясь с Катей вдвоем, он делался беззащитным, как Василий Васильевич, его сын, потому что был убежден, что Катя никогда не способна ни на какой дурной поступок. Он пожелал ей спокойной ночи и ушел, и она опять задумалась о

———————

[4] Я немного не в себе (фр.).

том, как возможно, чтобы этот человек искренне верил в то, что она не способна ни к чему дурному. Правда, он не мог предполагать, что у Кати вдруг возникнут какие-то сомнения в раз навсегда существующих и неизменных вещах. Он понял, целуя ей руку и заглянув в ее глаза, что сегодня он не должен остаться с ней, что сегодня ей это было неприятно. Может быть, он просто устал? Нет, она почувствовала по тому, как он взял ее руку, что это было не так, и только после того, как их глаза встретились, его пальцы медленно и ласково разжались, он улыбнулся, поцеловал ей руку и ушел своей неслышной походкой.

Ее иногда он начинал раздражать именно своей безошибочностью и неуязвимостью, — точно это была идеальная мыслительная машина, а не человек. Ему, казалось, даже не нужно было делать усилий, чтобы знать, что ей доставит удовольствие, что будет неприятно, — и это могло касаться самой незначительной реплики или замечания по поводу платья, которое она впервые надевала. Иногда она начинала ему говорить резкие и несправедливые вещи, он никогда не сердился и только улыбался — причем в его улыбке не было ни тени насмешки, которую она бы ему не простила; была только нежность — он так же улыбался Василию Васильевичу. Выходило так, что он изучил Катю до конца с невысказанными желаниями, с непродуманными и неожиданными мыслями, с ее переменами, — изучил так же легко, как изучал любой вопрос, за который

брался, и составил раз навсегда одну непогрешимую формулу, как в алгебраическом уравнении.

Да, и до последнего времени он оказывался прав во всем. Но когда однажды Катя его спросила, что нужно для того, чтобы знать человека до конца, он ответил:

— Любовная интуиция.

— А те, кого ты не любишь? Законы общего порядка?

— Законов общего порядка, кажется, нет.

— Что же есть?

— Есть то, что каждый человек представляет из себя индивидуальность, которая может походить на другую в силу случайных аналогий, но которая все-таки управляется своими собственными не законами, конечно, а различными соотношениями, характерными для этого периода времени...

— Боже, как это сложно! Но в общем, можешь ли ты его знать до конца или нет?

— Нет, конечно. Я могу предвидеть, как он поступит в точно определенных условиях, и то далеко не наверное.

— Но ты, кажется, редко ошибаешься.

— Ох, очень часто, — сказал он улыбаясь. — Только ошибки почти никогда не бывают непоправимыми, и я стараюсь их не повторять.

— А я?

— Тебя я знаю, не думая, интуитивно, потому что тебя я люблю.

Был второй час ночи, а она не спала, все отыскивая и стараясь понять, когда и как произошла эта ошибка. До известного времени все было ясно: ее жизнь, думала она, лежа на спине в темноте, протекала в двух планах — один над другим. Один — это был ее муж, которого она любила, Василий Васильевич, брат и отец — разной силы и разного оттенка чувства, доставлявшие ей радость. Второй план, о котором она почти никогда не думала, но который подразумевался сам собой и был так же ясен, как первый, состоял в твердом знании некоторых отвлеченных положений; и это знание позволяло, например, безошибочно сказать, хорош или плох тот или иной поступок. В мире существовали болезнь, смерть, несчастья, ненависть, дурные чувства, обман, измена, но все это не касалось ни ее, ни ее близких. Это были всем известные вещи, отвлеченные понятия, никогда не почувствованное знание, как представление о стране, которой она никогда не видела. Мысль, что она может испытать когда—либо что-нибудь подобное, ей не приходила в голову. И вот в этой системе чувств и мыслей произошло изменение. Там, где вчера было пустое и темное место, возникло нечто новое и отвратительное, — с точки зрения этих прежних ее представлений, — вдобавок не случайное и почти такое же огромное, как все, что было до сих пор, целый новый мир, не похожий ни на что испытанное прежде, тягостный, темный и непреодолимый.

Факты восстановить было легко и просто. Сначала вечер в театре с мужем, потом знакомство, — молодой человек, старше ее лет на пять, неопределенной национальности, хорошо говоривший по-русски, среднеспортивного вида и ничем не замечательный на первый взгляд. Он почему-то раздражал ее, хотя придраться было, казалось, не к чему. Потом его визит к ним, — первый, затем второй, через неделю. — У вас много свободного времени? — спросила она. Вся жизнь, — ответил он, улыбаясь, — я недавно получил наследство. Затем первый выход с ним, дневной сеанс кинематографа, такси, и его приблизившиеся губы, и нестерпимое желание захватить зубами этот рот, и на следующий день, блеклый, зимний свет в окне и точно возникающее на простынях свое собственное голое тело.

Она вернулась домой, мужа не было, Василий Васильевич строил башню из железных переплетов. Через десять минут позвонил телефон и голос мужа сказал, что он будет только поздно вечером и не может обедать дома. Хорошо, — ответила она. Она пообедала вдвоем с Василием Васильевичем, затем пришел брат, рассказывавший смешные истории и просидевший до часу ночи, — и эта смертельная тоска, с которой она вернулась домой, постепенно исчезла, точно медленно смещаясь в далекой темноте, и тогда, подняв просветлевшие глаза, Катя почувствовала, что она такая же, как всегда, и что все осталось на своих местах — и все, что она любила до сих пор, она любит так же, как раньше.

Она вернулась домой, мужа не было, Василий Васильевич строил башню из железных переплетов. Через десять минут позвонил телефон и голос мужа сказал, что он будет только поздно вечером и не может обедать дома. Хорошо, — ответила она. Она пообедала вдвоем с Василием Васильевичем, затем пришел брат, рассказывавший смешные истории и просидевший до часу ночи, — и эта смертельная тоска, с которой она вернулась домой, постепенно исчезла, точно медленно смещаясь в далекой темноте, и тогда, подняв просветлевшие глаза, Катя почувствовала, что она такая же, как всегда, и что все осталось на своих местах — и все, что она любила до сих пор, она любит так же, как раньше.

Прошло три дня; раздался телефонный звонок, и необычным, изменившимся и высохшим голосом она ответила, что хорошо, она согласна — и потом было то же, что в первый раз: сначала губы и гул во всем теле, потом медленные пальцы на ее груди и ногах и, наконец, последнее, невыразимо долгое движение и сверкающие капли пота на лице и на теле, и прикосновение твердой и горячей кожи, сознание, что она задыхается и что это может быть самая лучшая смерть.

И затем это стало повторяться уже регулярно. Это не имело ничего общего ни с любовью, ни с привязанностью, и только случайно оказалось, что молодой человек был по отношению к Кате безупречен, скромен и нежен; кроме того, их свидания были окружены такой тайной, что кроме них никто не знал об этом. Если Катя не видела его в течение недели, она начинала вновь чувствовать себя так, как если бы ничего не случилось; но достаточно было ей услышать его голос, как она готова была ехать куда угодно; и с этим влечением она совершенно не могла бороться. Они никогда не выходили вместе и нигде не бывали вдвоем, он совершенно перестал бывать в доме у Кати и ее брата, Александр даже сказал как-то:

— Катюша, а куда пропал этот алкоголик?

— Какой алкоголик?

— Ну, помнишь, молодой человек, такой, брюнет, кажется, богатый наследник?

— Да, помню. Только почему он алкоголик? Ты его хорошо знаешь?

— Совершенно не знаю. Да и не нужно знать. Ты на него посмотри: всегда чистенький, аккуратный, веселый — это, милая моя, подозрительно. А потом выясняется: оказывается, алкоголик.

— Глуп ты, Саша, до ужаса.

— А я тебе говорю, что ты ничего не понимаешь в психологии. А у меня глаз безошибочный. Это недоразумение, что я архитектор: мне надо было стать ученым.

— Что ты архитектор — это действительно недоразумение.

Катя с удивлением отмечала, что со своим любовником она даже почти не разговаривала, и это было совершенно ненужно. Но с самого начала она испытывала к нему, наряду с непреодолимым влечением, нечто чрезвычайно похожее на ненависть. Он не мог не заметить этого и даже сказал ей как-то, что, быть может, лучше было бы вообще не встречаться: если она его не любит...

— Я никогда вас не любила, — сказала она, — никогда, вы слышите, никогда. Но я не могу без вас жить.

— Это слишком сложно для меня.

— Да, — сказала она, с сожалением и с презрением, — это верно. Для тебя это слишком сложно.

У нее начал портиться характер, она стала раздражительна без причины и однажды в присутствии брата и мужа дала пощечину Василию Васильевичу, который так удивился, что даже не заплакал. Брат ее вскочил и закричал на всю квартиру:

— Дура!

Она посмотрела на него, потом на мужа — и тогда впервые увидела его холодные и совершенно чужие глаза. Не повышая голоса, он сказал:

— До сих пор я не злоупотреблял своими правами, Катя. Сейчас я вынужден это сделать. Есть вещи, которых я допустить не могу и не допущу.

— Чем ты становишься старше, тем ты больше на маму похожа, — с бешенством говорил Александр. — Прелестная наследственность.

— Я думаю, что дело не в этом, Саша, — медленно сказал муж.

Кончилось это истерикой, рыданьями и тем, что Катя легла в постель и не встала до следующего утра.

Она становилась совершенно невозможной. Она делала выговоры прислуге, постоянно озлобленно суетилась, переставляла мебель в квартире, требовала, отказывалась, покупала вещи и отсылала их обратно, вообще стала совершенно не похожа на ту спокойную женщину, которой была раньше. Муж ее уехал на месяц за границу, Василия Васильевича брат взял к себе "погостить", как он сказал, и она осталась одна. Ей казалось, что она близка к самоубийству. Казалось, что больше вынести такую жизнь невозможно.

И вот однажды он не пришел на свидание. Она просидела в маленькой квартире, которую он снял для их встреч, час, его не было. Она ушла. Она ждала телефонного звонка или письма, думала, что с ним, может быть, случилась катастрофа. Но ни звонка, ни письма не было.

Прошла неделя. Она провела ее за чтением книг, которых никак не могла понять. Она начинала и бросала писать письма мужу и ждала, вопреки очевидности, разрешения вопроса о том, что произошло.

Поздно вечером, ровно через полторы недели со дня несостоявшегося свидания, незнакомый голос сказал ей по телефону, что мсье такой-то очень хотел бы ее видеть. Она резко повесила трубку, но через минуту тот же голос снова вызвал ее и объяснил, что она неправильно поняла, что она ошиблась что мсье очень плохо и что если она сейчас же не приедет... — Я еду, сказала она, — точный адрес, пожалуйста.

Через десять минут она входила в его квартиру, которой не знала. Уже по тому, что ей открыла дверь фельдшерица с очень значительным выражением лица, которое бывает у людей только в чрезвычайных и чаще всего непоправимых обстоятельствах, она поняла, что он умирает. Доктор, с рассеянным и ожесточенным выражением на небритом лице, прошел мимо нее, не заметив, казалось, ее присутствия. В большой гостиной находилось еще несколько человек; она не знала никого из них, но, взглянув на каждого, можно было догадаться обо всем совершенно безошибочно. В комнатах было душно и жарко, запах лекарств смешивался с особенным, трудно определяемым дурным запахом. Через гостиную, навстречу Кате, прошла еще одна фельдшерица, неся под своим безукоризненно белым халатом какой-то большой предмет. Сидевший в кресле молодой человек поднял голову,

11

взглянул на Катю, как взглянул бы на стул или стол, и опять опустил голову, охватив ее руками.

Едва только Катя вошла, у нее тотчас же началось физическое, холодное, почти невыносимое томление. Она постояла минуту в гостиной, потом зачем-то перекрестилась и вошла наконец в комнату, где лежал больной. И, только взглянув на него, она ощутила неведомый и непреодолимый ужас.

Он лежал на постели, обнаженный до пояса. Вместо торса, который она так хорошо знала, с переливающимися мускулами под смуглой, упругой кожей, она увидела туго обтянутую грудную клетку с резко выступающими костями. Руки были тоненькие, пальцы слишком большие. Она наклонилась над чужим заросшим лицом. Глазных яблок не было видно, вместо них были неподвижные, закатившиеся, еще желтоватые белки. Рот был раскрыт. Умирающий дышал необыкновенно неглубоко и часто, как собака после бега. Он был без сознания.

Она стала на колени перед его кроватью, взяла его горячую руку, он, по-видимому, не чувствовал этого. Потом, на секунду, показались его глаза, он посмотрел на Катю, не понял и прохрипел незнакомым голосом: кисло... кисло... — Он просит кислороду, — сказала Катя. — Да, да, — сказал из гостиной рассеянный голос доктора, по-видимому, в ответ на вопрос фельдшерицы. — Хотя это бесполезно, все равно, все равно.

К утру дыхание становилось все реже и реже, и в четыре часа, не приходя в сознание, он умер. Катя с мокрым лицом вышла из комнаты. Молодой человек, сидевший в кресле, брат покойного, плакал навзрыд, по-детски всхлипывая. И только в эту минуту то, что давно уже было, но никак не могло дойти до сознания Кати, вдруг стало необыкновенно ясно: именно, что умер тот самый человек, которого она любила, и что любила она только его.

Она вернулась домой, закурила папиросу и села писать письма. В восемь часов утра, ранним поездом, приехал муж. Он поцеловал ей руку, посмотрел на ее изменившееся лицо и сказал по-французски — он часто переходил на французский язык:

— Tu reviens de loin[5].

— Je ne reviens pas, — ответила она. — Je pars[6].

И в тот же день, подписав прошение о разводе, она уехала из дому.

---

[5] Ты как будто вернулась издалека (фр.).

[6] Я не вернулась... Я ухожу (фр.).

ПАНИХИДА

Это было в жестокие и печальные времена немецкой оккупации Парижа. Война захватывала все большие и большие пространства. Сотни тысяч людей двигались по замерзшим дорогам России, шли бои в Африке, взрывались бомбы в Европе. По вечерам Париж погружался в ледяную тьму, нигде не горели фонари и не светились окна. Только в редкие зимние ночи луна освещала этот замерзший, почти призрачный город, точно созданный чьим-то чудовищным воображением и забытый в апокалипсической глубине времен. В многоэтажных домах, которые давно перестали отапливаться, стояла ледяная сырость. По вечерам в квартирах с плотно завешенными окнами зажигались стеклянные доски аппаратов радио и сквозь треск глушения раздавался голос: «Ici Londres. Voici notre bulletin d'information...»[7]

Люди были плохо одеты, на улицах было мало народу, автомобильное движение давно прекратилось, по городу ездили в экипажах, запряженных лошадьми, и это еще усиливало то впечатление трагической неправдоподобности происходящего, в котором жила вся страна в течение нескольких лет.

В те времена я пришел однажды в небольшое кафе, в одном из предместий Парижа, где у меня было свидание со случайным знакомым. Это было вечером, лютой зимой сорок второго года. В кафе было много народа. У стойки хорошо одетые люди — шарфы, меховые воротники, выглаженные костюмы — пили коньяк, кофе с ромом и ликеры, ели бутерброды с ветчиной, которой я давно не видал. Я узнал потом, чем объяснялась эта ветчина, этот коньяк и все остальное: завсегдатаями кафе, в которое я случайно попал, были русские, занимавшиеся черной биржей. До войны, в мирные и сытые времена, большинство этих людей были безработными — не потому, что не находили работы, а оттого, что не хотели работать из какого-то непонятного и упорного нежелания жить так, как жили все другие: ходить на завод, снимать комнату в плохой гостинице и получать жалованье раз в две недели. Эти люди жили в состоянии хронического и чаще

---

[7] «Говорит Лондон. В эфире наш информационный бюллетень...» (фр.).

всего бессознательного бунта против той европейской действительности, которая их окружала. Многие из них проводили ночи в деревянных бараках, сколоченных из досок и мрачно черневших на лохматых пустырях парижских окраин. Они знали все ночлежные дома Парижа, скудный желтый свет над железными кроватями огромных дортуаров, сырую прохладу этих мрачных мест, их постоянную кислую вонь. Они знали Армию Спасения, притоны и нищие кафе place Maubert, куда сходились собиратели окурков, оцепенелый сон на скамейках подземных станций метро и бесконечные блуждания по Парижу. Многие изъездили и исходили французскую провинцию — Лион, Ницца, Марсель, Тулуза, Лилль.

И вот после того, как немецкая армия заняла больше половины французской территории, в жизни этих людей произошли необыкновенные изменения. Им была дана внезапная и чудесная возможность разбогатеть — без особенных усилий и, в сущности, почти не работая. Немецкая армия и учреждения, связанные с ней, покупали оптом, не торгуясь, все товары, которые им предлагались: сапоги и зубные щетки, мыло и гвозди, золото и уголь, одежду и топоры, провода и машины, цемент и шелк — все. Эти люди стали посредниками между немецкими покупателями и французскими коммерсантами, продававшими свои товары. И как в арабской сказке, вчерашние безработные разбогатели.

Они жили теперь в теплых квартирах, из которых уехали их бывшие хозяева, оставив картины непонятного содержания, хорошие ковры и удобные кресла. Они носили на руке золотые часы с золотыми браслетами, на их пальцах были кольца с настоящими драгоценными камнями. У каждого из них в прошлом была сложная жизнь — города, дороги и улицы в различных странах, огромные расстояния, которые они прошли пешком, — и вот теперь они дошли до того, о чем никогда не могли мечтать.

Я познакомился сначала с одним из них, Григорием Тимофеевичем, худощавым немолодым человеком с глубоко сидящими глазами и острым подбородком. Я встретил его у моего друга, бывшего певца, выступавшего в свое время в кабаре и кафе. Но в те времена, когда я его знал, все это отошло в прошлое. Он был тяжело болен чахоткой и редко вставал с кровати. Но каждый раз, когда я приходил к нему, он снимал худыми руками со стены огромную гитару, звучавшую, как рояль, и пел своим глубоким голосом, на котором удивительным образом совершенно не отразилась его болезнь, всевозможные романсы и песни — и меня поражало богатство его репертуара. Григорий Тимофеевич знал его с детства, оба они были родом из какого-то маленького городка под Орлом. Григория Тимофеевича никто, кроме меня, никогда не называл по имени и отчеству, и был он всегда Гриша, или Гришка. Певца, наоборот, никто не называл по имени, все звали Василием Ивановичем.

— Вот, Василий Иванович, купил я, значит, картину, — говорил Гриша. — Я тебе, между прочим, жареную курицу принес.

— Спасибо, — сказал Василий Иванович. — Какую же ты картину купил, Гриша?

— Картина, Василий Иванович, не простая. Деньги за нее такие заплатил — вспомнить страшно. Но сюжет уж очень роскошный.

— Что же там нарисовано?

— Изображен там, Василий Иванович, огромный орел, и куда-то он летит, а у него на спине, понимаешь, такой молодой юноша, которого он вроде как уносит. Не совсем понятно, правда, но орел, я тебе скажу, лучше не бывает. Много раз я эту картину рассматривал — и каждый раз одно и то же: замечательная картина, ничего не скажешь.

— А какого художника?

— Этого я не знаю, — сказал Гриша. — Какой-то очень знаменитый. Мне продавец фамилию сказал, я забыл. Только помню, он сказал, что по сравнению с ним Репин, говорит, это просто бревно. И название картины сказал, но я, знаешь, его как-то даже не слушал, до того у меня дыхание захватило.

Я видел потом эту картину в квартире Гриши: это была копия рубенсовского «Похищения Ганимеда».

Картины, впрочем, покупали все или почти все клиенты этого кафе, так же, как они покупали золотые вещи или монеты. У этих людей, у которых никогда ничего не было, вдруг пробудилось какое-то порывистое и беспорядочное стяжательство, никогда, впрочем, не принимавшее западной формы механического накопления денег. Но тратили они еще больше, тратили без толку и зря, с какой-то особенной нелепостью. Помню одного из них, высокого и унылого человека с черной бородой; звали его Спиридон Иванович. Он стоял в кафе и пил коньяк. По улице в это время проходил стекольщик, кричавший заунывным голосом:

— Vitrier! Vitrier![8]

---

[8] — Вставляем стекла! Вставляем стекла! (фр.)

— Не могу я этого крика слышать, — сказал Спиридон Иванович. — Не могу, нервы не те. И ведь без толку кричит, ну кому он нужен?

С улицы опять донесся крик:

— Vitrier! Vitrier!

Спиридон Иванович выбежал из кафе, подошел к стекольщику и сказал ему по-русски:

— Не надрывай ты мне душу, Христа ради, замолчи! Сколько все твое барахло стоит?

Потом, спохватившись, он повторил свой вопрос на ломаном французском языке. Удивленный стекольщик, помявшись, ответил. Спиридон Иванович вынул бумажник, заплатил столько, сколько стоил весь товар, подождал, пока стекольщик уйдет, и вернулся к стойке допивать свой коньяк, который как-то особенно звучно булькал и переливался в его горле, сопровождаемый движением острого кадыка.

— Весь день маешься, — бормотал Спиридон Иванович, — с утра неприятности, того не доставили, там товару не оказалось, а тут еще душу человек надрывает. Только вечером и отдохнешь. Придешь домой, зажжешь отопление и ляжешь в кровать. Лежишь и думаешь: дорвался, Спиридон Иванович, дошел, наконец. Отдохнуть нам, ребята, нужно, а не со стекольщиками лаяться, отдохнуть.

— На том свете отдохнешь, Спиридон Иванович, — сказал Володя, атлетический мужчина лет сорока, специалист по золоту. — Стекольщиков там, я так полагаю, не должно быть, какие там стекла? только облака да ангелы, больше ничего.

— И золота тоже нету, — сказал один из посетителей.

— Это еще неизвестно, — сказал Володя. — Я как-то был в соборе Парижской Богоматери, там кружка висит для пожертвований. Смотрю, а на ней написано: «для душ, находящихся в чистилище». Значит, в чистилище какие-то средства поступают.

— Это их католическое дело, — сказал Григорий Тимофеевич. — Деньги-то, конечно, идут на церковь, чтобы молились здесь за тех, которые, как они думают, должны быть в чистилище. Но это ты прав, странно, конечно, написано.

Я особенно почему-то запомнил этот день, когда Спиридон Иванович произносил свой монолог — хриплый звук его голоса, движение кадыка на его худой и длинной шее и эти слова — отдохнуть нам, ребята, нужно, — запомнил выражение его пьяных и усталых глаз, зимние сумерки и смесь алкогольных запахов в кафе.

А когда Григорий Тимофеевич вышел, Володя сказал мне:

16

— Напрасно это я о том свете заговорил, помолчал бы лучше. Боюсь я за Гришу, всем нам его жаль. Хороший человек, только не жилец он, давно у него чахотка.

Потом Володя заговорил о своих делах. Разговор его, как всегда, был переполнен техническими терминами — проценты, сплавы, караты, то или иное гранение камней. Было ясно, что вряд ли он мог, за короткое время, которое прошло с того дня, когда немцы заняли Париж, усвоить все эти вещи. Когда я его спросил однажды, откуда у него такие познания, он ответил, что его всегда интересовало все, что касалось золота и драгоценностей. До войны он, как и все его друзья по кафе, бывал чаще всего безработным и нередко бездомным. Но он проводил целые часы перед витринами ювелирных магазинов на rue de la Paix, читал со словарем какие-то технические книги, знал, при какой температуре плавится тот или иной металл, в каких отраслях промышленности нужна платина — и этот оборванный в те времена и почти нищий человек мог бы быть экспертом ювелирного дела. Но до войны его интерес ко всему этому носил совершенно бескорыстный характер, и он никогда не представлял себе, что наступит день, когда это витринное и недостижимое золото вдруг окажется в его руках. По его словам, он только раз встретил достойного собеседника, который знал все это так же хорошо, как он: это был голландец с белокурой бородой и голубыми глазами, известный взломщик несгораемых шкафов, с которым Володя просидел несколько часов в общей камере Центральной парижской тюрьмы, куда попал за бродяжничество — то есть за то, что у него не было ни денег, ни постоянного адреса.

Глядя на Володю, я нередко возвращался к мысли о том, насколько условны могут быть так называемые социальные различия: этому бездомному человеку следовало бы быть собственником крупного ювелирного магазина где-нибудь на rue du Faubourg St. Honoré.

Другие посетители кафе, друзья Володи и Григория Тимофеевича, были лишены такой резко выраженной индивидуальности. Все они много пили, тратили деньги, не считая, у большинства были жены или любовницы очень определенного типа — ретушированной фотографии с обложки дамского журнала, блондинки в меховых шубах, купленных по знакомству у какого-то отчаянного еврея, который уже отправил свою семью в безопасное место и теперь, рискуя жизнью, распродавал все, что у него осталось от его мехового магазина. Весь день клиенты кафе проводили в ожидании очередной партии товара и в телефонных разговорах, а вечером играли в карты, проигрывая и выигрывая крупные суммы.

Григорий Тимофеевич мне говорил:

— Живу я теперь хорошо, конечно. Но только вижу, что раньше я неправильно мечтал. Вот, например, помню я одну ночь в Лионе, зимой. Денег нет, работы нет, комнаты нет. Ночевал я на постройке, все-таки крыша, хоть дождь не заливает. Холодно, накрыться нечем. Лежал я тогда, знаете, на досках, не мог заснуть — никак не согреться — и мечтал. Вот, думаю, квартирку бы вам, Григорий Тимофеевич, с центральным, черт возьми, отоплением, кроватку бы с простынями. А вечером жена ужин подает: колбаса, закуска, бифштексы. Вот это была бы жизнь.

Глаза его стали задумчивыми.

— А вышло, что все это неправильно. Не в этом дело. Вернее, не только в этом. В чем — не знаю, только знаю, что не в этом. Теперь у меня все это есть: и квартира, и обед, и жена, и даже ванна — живи, не хочу. Но оказывается, все это не то. Я так теперь думаю. Вот попадет человек в беду, например, или, скажем, в нищету. Ему, дураку, кажется, что это самое главное. Не будь этой нищеты, все было бы хорошо. Ну ладно. Взяли его и как в сказке одели, обули, дали ему квартиру и все остальное и говорят — ну, теперь живи, будь счастлив. А где же его взять, счастье-то? В ванне, что ли? Вот на руке у меня золотые часы «Longines», у Володи купил. Заплатил я за них столько, сколько в прежнее время за полгода не прожил бы. Смотрю на стрелки — что они говорят? А говорят они ясно что: вам, Григорий Тимофеевич, мы время отсчитываем. Было пять, а теперь шесть часов. Значит, часом меньше вам жить осталось.

Он, действительно, посмотрел на свои часы.

— Семь часов? Еще часом меньше. Но это меня не пугает. Мне одного жаль: столько лет прожил, а так и не понял, в чем же счастье человеческое? Ну, хорошо — согрелся, закусил, выпил. А дальше?

Как-то случилось, что я не приходил в это кафе около двух недель. Затем пришел — поздним февральским вечером. Григория Тимофеевича не было, и когда я спросил, что с ним, мне сказали, что он болен, лежит. Я пошел к нему, он жил неподалеку.

Он лежал в постели, исхудавший и небритый, глаза у него были горячие и печальные. Над его кроватью, под зажженной люстрой, крылья рубенсовского орла отливали синеватым светом. Я спросил его, как он себя чувствует, он ответил, что плохо.

18

— Одеяло уже кажется тяжелым, — сказал он, — это последнее дело. Конец мне пришел. Умру — и так и не пойму, чего же мне в жизни было нужно.

Он умер ночью, через три дня после того, как я у него был. Володя сказал мне:

— Скончался Григорий Тимофеевич. Завтра хоронить будем, отслужим панихиду. Придете? Отпевание будет на квартире Григория Тимофеевича, в четыре часа дня.

Володя никогда не называл Григория Тимофеевича иначе, как Гришей или Гришкой, я даже не был уверен, что он знает его отчество. И теперь получалось впечатление, что вот жил Гриша, а умер другой человек, Григорий Тимофеевич. На следующий день, когда я пришел, я увидел, что вся квартира Григория Тимофеевича была заставлена венками цветов. Где Володя достал эти цветы, в феврале месяце сорок третьего года, в голодном Париже, и сколько они стоили, этого я не мог себе представить. Все посетители кафе, друзья Григория Тимофеевича, были уже там, у всех были те изменившиеся, почти неузнаваемые лица, которые бывают у людей в этих обстоятельствах.

— Ждем батюшку, — тихо сказал Володя. Батюшка, старый человек с хрипловатым от простуды голосом, приехал через четверть часа. На нем была поношенная ряса, вид у него был печальный и усталый. Он вошел, перекрестился, губы его беззвучно произнесли какую-то фразу. В гробу, покрытом цветами, лежало тело Григория Тимофеевича, одетое в черный костюм, и мертвое его лицо смотрело, казалось, в то небо, куда поднимался орел, уносящий Ганимеда.

— Из каких мест покойный? — спросил священник.

Володя ответил — такого-то уезда, Орловской губернии.

— Сосед, значит, — сказал батюшка. — Я сам оттуда же, и тридцати верст не будет. Вот беда, не знал я, что земляка хоронить придется. А как звали?

— Григорий.

Священник молчал некоторое время. Видно было, что эта подробность — то, что покойный был из тех же мест, что и он, — произвела на него особенное впечатление. Мне показалось, что он, может быть, подумал — вот и до наших очередь дошла. Потом священник вздохнул, снова перекрестился и сказал:

— Будь бы другие времена, я бы по нем настоящую панихиду отслужил, как у нас в монастырях служат. Да только вот голос у меня хриплый, одному мне трудно, так что тут дай Бог хоть короткую панихиду совершить. Может быть, кто-нибудь из вас мне все-таки поможет, подтянет? поддержит меня?

Я взглянул на Володю. Выражение лица у него было такое, каким я себе никогда не мог бы его представить — трагическое и торжественное.

— Служите, батюшка, как в монастыре, — сказал он, — а мы вас поддержим, не собьемся.

Он обернулся к своим товарищам, поднял вверх обе руки повелительным и привычным, как мне показалось, жестом, — священник посмотрел на него с удивлением, — и началась панихида.

Нигде и никогда, ни до этого, ни после этого я не слышал такого хора. Через некоторое время вся лестница дома, где жил Григорий Тимофеевич, была полна людьми, которые пришли слушать пение. Хрипловатому и печальному голосу священника отвечал хор, которым управлял Володя.

«Воистину суета всяческая, житие же сень и соние, ибо всуе мятется всяк земнородный, яко же рече Писание: егда мир приобрящем, тогда во гроб вселимся, иде же вкупе цари и нищие».

И затем опять это беспощадное напоминание:

«Таков живот наш есть: цвет и дым и роса утренняя воистину: придите ибо узрим на гробех ясно, где доброта телесная; где юность; где суть очеса и зрак плотский; вся увядоша яко трава, вся потребишася».

Когда я закрывал глаза, мне начинало казаться, что поет чей-то один могучий голос, то понижающийся, то повышающийся, и его звуковое движение заполняет все пространство вокруг меня. Мой взгляд упал на гроб, и в эту минуту хор пел:

«Плачу и рыдаю, егда помышляю смерть и вижу во гробе лежащую, по образу Божию созданную нашу красоту — безобразну, бесславну, не имеющую вида».

Никогда панихида не казалась мне такой потрясающей, как в этот сумрачный зимний день в Париже. Никогда я не чувствовал с такой судорожной силой, что ни в чем, быть может, человеческий гений не достигал такого страшного совершенства, как в этом сочетании раскаленных и торжественных слов с тем движением звуков, в котором они возникали. Никогда до этого я не понимал с такой пронзительной безнадежностью неудержимое приближение смерти ко всем, кого я любил и знал и за кого возносилась та же молитва, которую пел хор:

«Со святыми упокой...»

И я думал, что в этот страшный час, который неумолимо придет и для меня, когда перестанет существовать все, ради чего стоило — быть может — жить, никакие слова и никакие звуки, кроме тех, которые я слышал сейчас, не могут выразить ту обреченность, вне которой нет ни понятия о том, что такое жизнь, ни представления о том, что такое смерть. И это было самое главное, а все остальное не имело значения.

«Вси бо исчезаем, вси умрем, цари же и князи, судьи и насильницы, богатые и убогие и всё естество человеческое».

И над умершим будут звучать эти же раскаленные, как железо, слова.

Когда отпевание кончилось, я спросил Володю:

— Откуда это все у вас? Каким это чудом все вышло, как вы составили такой хор?

— Да просто так, — сказал он. — Кто в опере когда-то пел, кто в оперетке, кто просто в кабаке. И все в хоре пели, конечно. А уж церковную службу мы с детства знаем — до последнего вздоха.

Затем гроб с телом Григория Тимофеевича закрыли, вынесли, поставили на катафалк и увезли на кладбище, за город. Потом наступили февральские сумерки, потом Париж погрузился в свою обычную для этого времени ледяную тьму, и эта ночь заволокла собой все, что только что происходило. И после того, как прошло некоторое время, мне начало казаться, что ничего этого вообще не было, что это было видение, кратковременное вторжение вечности в ту случайную историческую действительность, в которой мы жили, говоря чужие слова на чужом языке, не зная, куда мы идем, и забыв, откуда мы вышли.

ПРИЗРАК АЛЕКСАНДРА ВОЛЬФА

Из всех моих воспоминаний, из всего бесконечного количества ощущений моей жизни самым тягостным было воспоминание о единственном убийстве, которое я совершил. С той минуты, что оно произошло, я не помню дня, когда бы я не испытывал сожаления об этом. Никакое наказание мне никогда не угрожало, так как это случилось в очень исключительных обстоятельствах и было ясно, что я не мог поступить иначе. Никто, кроме меня, вдобавок, не знал об этом. Это был один из бесчисленных эпизодов гражданской войны; в общем ходе тогдашних событий это могло рассматриваться как незначительная подробность, тем более что в течение тех нескольких минут и секунд, которые предшествовали этому эпизоду, его исход интересовал только нас двоих — меня и еще одного, неизвестного мне, человека. Потом я остался один. Больше в этом никто не участвовал.

Я не мог бы точно описать то, что было до этого, потому что все проходило в смутных и неверных очертаниях, характерных почти для всякого боя каждой войны, участники которого меньше всего представляют себе, что происходит в действительности. Это было летом, на юге России; шли четвертые сутки непрерывного и беспорядочного движения войск, сопровождавшегося стрельбой и перемещающимися боями. Я совершенно потерял представление о времени, я не мог бы даже сказать, где именно я тогда находился. Я помню только те ощущения, которые я испытывал и которые могли бы иметь место и в других обстоятельствах, — чувство голода, жажды и томительной усталости; я не спал перед этим две с половиной ночи. Стоял сильный зной, в воздухе колебался слабеющий запах дыма; час тому назад мы вышли из леса, одна сторона которого горела, и там, куда не доходил солнечный свет, медленно ползла огромная палевая тень. Мне смертельно хотелось спать, мне казалось тогда, что самое большое счастье, какое только может быть, это остановиться, лечь на выжженную траву и мгновенно заснуть, забыв обо всем решительно. Но именно этого нельзя было делать, и я продолжал идти сквозь горячую и сонную муть, изредка глотая слюну и протирая время от времени воспаленные бессонницей и зноем глаза. Я помню, что, когда мы проходили через небольшую рощу, я на секунду, как мне показалось, прислонился к дереву и стоя заснул под звуки стрельбы, к которым я давно успел привыкнуть. Когда я открыл глаза, вокруг меня не было никого. Я пересек рощу и пошел по дороге, в том направлении, в котором, как я полагал, должны были уйти мои товарищи. Почти тотчас же меня перегнал казак на быстром гнедом коне, он махнул мне рукой и что-то невнятно прокричал. Через некоторое время мне посчастливилось найти худую вороную кобылу, хозяин которой был, по-видимому, убит. На ней были уздечка и казачье седло; она щипала траву и беспрестанно обмахивалась своим длинным и жидким хвостом. Когда я сел на нее, она сразу пошла довольно резвым карьером.

Я ехал по пустынной извивающейся дороге; изредка попадались небольшие рощицы, скрывавшие от меня некоторые ее изгибы. Солнце было высоко, воздух почти звенел от жары. Несмотря на то, что я ехал быстро, у меня сохранилось неверное воспоминание о медленности всего происходившего. Мне по-прежнему так же смертельно хотелось спать, это желание наполняло мое тело и мое сознание, и от этого все казалось мне томительным и долгим, хотя в действительности, конечно, не могло быть таким. Боя больше не было, было тихо; ни позади, ни впереди меня я не видел никого. И вот на одном из поворотов дороги, загибавшейся в этом месте почти под прямым углом, моя лошадь тяжело и мгновенно упала на всем скаку. Я упал вместе с ней в мягкое и темное — потому что мои глаза были закрыты — пространство, но успел высвободить ногу из стремени и почти не пострадал при падении.

Пуля попала ей в правое ухо и пробила голову. Поднявшись на ноги, я обернулся и увидел, что не очень далеко за мной тяжелым и медленным, как мне показалось, карьером ехал всадник на огромном белом коне. Я помню, что у меня давно не было винтовки, я, наверное, забыл ее в роще, когда спал. Но у меня оставался револьвер, который я с трудом вытащил из новой и тугой кобуры. Я простоял несколько секунд, держа его в руке; было так тихо, что я совершенно отчетливо слышал сухие всхлипывания копыт по растрескавшейся от жары земле, тяжелое дыхание лошади и еще какой-то звон, похожий на частое встряхивание маленькой связки металлических колец. Потом я увидел, как всадник бросил поводья и вскинул к плечу винтовку, которую до тех пор держал наперевес. В эту секунду я выстрелил. Он дернулся в седле, сполз с него и медленно упал на землю. Я оставался неподвижно там, где стоял, рядом с трупом моей лошади, две или три минуты. Мне все так же хотелось спать, и я продолжал ощущать ту же томительную усталость. Но я успел подумать, что не знаю, что ждет меня впереди и долго ли еще буду жив, — и неудержимое желание увидеть, кого я убил, заставило меня сдвинуться с места и подойти к нему. Ни одно расстояние, никогда и нигде, мне не было так трудно пройти, как эти пятьдесят или шестьдесят метров, которые отделяли меня от упавшего всадника; но я все-таки шел, медленно переставляя ноги по растрескавшейся, горячей земле. Наконец я приблизился к нему вплотную. Это был человек лет двадцати двух — двадцати трех; шапка его отлетела в сторону, белокурая его голова, склоненная набок, лежала на пыльной дороге. Он был довольно красив. Я наклонился над ним и увидел, что он умирает; пузыри розовой пены вскакивали и лопались на его губах. Он открыл свои мутные глаза, ничего не произнес и опять закрыл их. Я стоял над ним и смотрел в его лицо, продолжая держать немеющими пальцами ненужный мне теперь револьвер. Вдруг легкий порыв жаркого ветра донес до меня издалека едва слышный топот нескольких лошадей. Я вспомнил тогда об опасности, которая могла мне еще угрожать. Белый конь умирающего, настороженно подняв уши, стоял в нескольких шагах от него. Это был огромный жеребец, очень выхоленный и чистый, с чуть потемневшей от пота спиной. Он отличался исключительной резвостью и выносливостью; я продал его за несколько дней до того, как покинул Россию, немецкому колонисту, который снабдил меня большим количеством провизии и заплатил мне крупную сумму ничего не стоящих денег. Револьвер, из которого я стрелял, — это был прекрасный парабеллум, — я выбросил в море, и от всего этого у меня не осталось ничего, кроме тягостного воспоминания, которое медленно преследовало меня всюду, куда заносила меня судьба. По мере того, однако, как проходило время, оно постепенно тускнело и почти утратило под конец свой первоначальный характер непоправимого и жгучего сожаления. Но все-таки забыть это я никогда не мог. Много раз, — независимо от того, происходило ли это летом или зимой, на берегу моря или в глубине европейского континента, — я, не думая ни о чем, закрывал глаза, и вдруг из глубины моей памяти опять возникал этот знойный день на юге России, и все мои тогдашние ощущения с прежней силой возвращались ко мне. Я видел снова эту розово—серую громадную тень лесного пожара и медленное ее смещение в треске горящих сучьев и ветвей, я чувствовал эту незабываемую, томительную усталость и почти непреодолимое желание спать, беспощадный блеск солнца, звенящую жару, наконец, немое воспоминание моих пальцев правой руки о тяжести револьвера, ощущение его шероховатой рукоятки, точно навсегда отпечатавшееся на моей коже, легкое покачивание черной мушки перед моим правым глазом — и потом эта белокурая голова на серой и пыльной дороге и лицо, измененное приближением смерти, той самой смерти, которую именно я, секунду тому назад, вызвал из неведомого будущего.

В те времена, когда это происходило, мне было шестнадцать лет — и, таким образом, это убийство было началом моей самостоятельной жизни, и я даже не уверен в том, что оно не наложило невольного отпечатка на все, что мне было суждено узнать и увидеть потом. Во всяком случае, обстоятельства, сопровождавшие его и все, что было с ним связано, — все возникло передо мной с особенной отчетливостью через много лет в Париже. Это случилось потому, что мне попал в руки сборник рассказов одного английского автора, имени которого я до сих пор никогда не слышал. Сборник назывался «Я приду завтра» — «I'll Come Tomorrow», — по первому рассказу. Их всего было три: «Я приду завтра», «Золотые рыбки» и «Приключение в степи», «The Adventure in the Steppe». Это было очень хорошо написано, особенно замечательны были упругий и безошибочный ритм повествования и своеобразная манера видеть вещи не так, как их видят другие. Но ни «Я приду завтра», ни «Золотые рыбки» не могли, однако, возбудить во мне никакого личного интереса, кроме того, который был естественен для всякого читателя. «Я приду завтра» был иронический рассказ о неверной женщине, о неудачной ее лжи и о тех недоразумениях, которые за этим последовали. «Золотые рыбки» — действие происходило в Нью-Йорке — это был, собственно говоря, диалог между мужчиной и женщиной и описание одной музыкальной мелодии; горничная забыла снять небольшой аквариум с центрального отопления, рыбки выскакивали из очень нагревшейся воды и бились на ковре, умирая, а участники диалога этого не замечали, так как она была занята игрой на рояле, а он — тем, что слушал ее игру. Интерес рассказа заключался во введении музыкальной мелодии как сентиментального и неопровержимого комментария и невольного участия в этом бьющихся на ковре золотых рыбок.

Но меня поразил третий рассказ: «Приключение в степи». Эпиграфом к нему стояла строка из Эдгара По: «Beneath me lay my corpse with the arrow in my temple»[9]. Этого одного было достаточно, чтобы привлечь мое внимание. Но я не могу передать чувства, которое овладевало мной по мере того, как я читал. Это был рассказ об одном из эпизодов войны; он был написан без какого бы то ни было упоминания о стране, в которой это происходило, или о национальности его участников, хотя, казалось бы, одно его название, «Приключение в степи», указывало на то, что это как будто должно было быть в России. Он начинался так: «Лучшая лошадь, которая мне когда-либо принадлежала, был жеребец белой масти, полукровка, очень крупных размеров, отличавшийся особенно размашистой и широкой рысью. Он был настолько хорош, что мне хотелось бы его сравнить с одним из тех коней, о которых говорится в Апокалипсисе. Это сходство, вдобавок, подчеркивалось тем, — для меня лично, — что именно на этой лошади я ехал карьером навстречу моей собственной смерти, по раскаленной земле, в одно из самых жарких лет, какие я знал за всю мою жизнь».

Я нашел там точное восстановление всего, что я переживал в далекие времена гражданской войны в России, и описание этих невыносимо жарких дней, когда происходили наиболее длительные и наиболее жестокие бои. Я дошел, наконец, до последних страниц рассказа; я читал их с почти остановившимся дыханием. Там я узнал мою вороную кобылу и тот поворот дороги, на котором она была убита. Человек, от лица которого велся рассказ, был убежден сначала, что всадник, упавший вместе с лошадью, был по меньшей мере тяжело ранен — так как он стрелял два раза и ему казалось, что он оба раза попал. Я не понимаю, почему я заметил только один выстрел. «Но он не был убит, ни даже, по-видимому, ранен, — продолжал автор, — потому что я видел, как он поднялся на ноги; в ярком солнечном свете я заметил, как мне показалось, темный отблеск револьвера в его руке. У него не было винтовки, это я знаю наверное».

Белый жеребец продолжал идти своим тяжелым карьером, приближаясь к тому месту, где с непонятной, как писал автор, неподвижностью, парализованный, быть может, страхом, стоял человек с револьвером в руке.

Потом автор задержал стремительный ход коня и приложил винтовку к плечу, но вдруг, не услышав выстрела, почувствовал смертельную боль неизвестно где и горячую тьму в глазах. Через некоторое время сознание вернулось к нему на

---

[9] «Подо мною лежит мой труп со стрелой в виске» (англ.).

одну короткую и судорожную минуту, и тогда он услышал медленные шаги, которые приближались к нему, но все мгновенно опять провалилось в небытие. Еще через какой-то промежуток времени, находясь уже почти в предсмертном бреду, он, непостижимо как, почувствовал, что над ним кто-то стоит.

«Я сделал нечеловеческое усилие, чтобы открыть глаза и увидеть, наконец, мою смерть. Мне столько раз снилось ее страшное, железное лицо, что я не мог бы ошибиться, я узнал бы всегда эти черты, знакомые мне до мельчайших подробностей. Но теперь я с удивлением увидел над собой юношеское и бледное, совершенно мне неизвестное лицо с далекими и сонными, как мне показалось, глазами. Это был мальчик, наверное, четырнадцати или пятнадцати лет, с обыкновенной и некрасивой физиономией, которая не выражала ничего, кроме явной усталости. Он простоял так несколько секунд, потом положил свой револьвер в кобуру и отошел. Когда я снова открыл глаза и в последнем усилии повернул голову, я увидел его верхом на моем жеребце. Потом я опять лишился чувств и пришел в себя только много дней спустя, в госпитале. Револьверная пуля пробила мне грудь на полсантиметра выше сердца. Мой апокалипсический конь не успел довезти меня до самой смерти. Но до нее, я думаю, оставалось очень недалеко, и он продолжал это путешествие, только с другим всадником на спине. Я бы дорого дал за возможность узнать, где, когда и как они оба встретили смерть и пригодился ли еще этому мальчику его револьвер, чтобы выстрелить в ее призрак. Я, впрочем, не думаю, чтобы он вообще хорошо стрелял, у него был не такой вид; то, что он попал в меня, было, скорее всего, случайно, но, конечно, я был бы последним человеком, который бы его в этом упрекнул. Я не сделал бы этого еще и потому, что, я думаю, он, наверное, давно погиб и растворился в небытии, — верхом на белом жеребце, — как последнее видение этого приключения в степи».

Для меня почти не оставалось сомнений, что автор рассказа и был тем бледным и неизвестным человеком, в которого я тогда стрелял. Объяснить полное сходство фактов со всеми их характерными особенностями, вплоть до масти и описания лошадей, только рядом совпадений было, мне казалось, невозможно. Я еще раз посмотрел на обложку: «I'll Come Tomorrow», by Alexander Wolf. Это мог быть, конечно, псевдоним. Но это меня не останавливало; мне хотелось непременно встретиться с этим человеком. Тот факт, что он оказался английским писателем, был тоже удивителен. Правда, Александр Вольф мог быть моим соотечественником и достаточно хорошо владеть английским языком, чтобы не прибегать к помощи переводчика, это было самое вероятное объяснение. Во всяком случае, я хотел выяснить все это во что бы то ни стало, потому что, в конце концов, я был связан с этим человеком, не зная его совершенно, слишком давно и слишком прочно и воспоминание о нем прошло сквозь всю мою жизнь. По его рассказу к тому же было ясно, что он должен был питать ко мне почти такой же интерес, именно оттого, что «Приключение в степи» имело очень важное значение в его существовании и, наверное, предопределило его судьбу еще в большей степени, чем мое воспоминание о нем предопределило ту исчезающую тень, которая омрачила много лет моей жизни.

Я написал ему письмо на адрес лондонского издательства, выпустившего его книгу. Я излагал те факты, которые ему были неизвестны, и просил его ответить мне, где и когда мы могли бы с ним встретиться, — если, конечно, это свидание интересует его так же, как меня. Прошел месяц, ответа не было. Было возможно, конечно, что он бросил мое письмо в корзину, не читая и предполагая, что это послано какой-нибудь поклонницей его таланта и заключает в себе просьбу прислать свою фотографию с надписью и сообщить мнение о собственном романе корреспондентки, который она ему пошлет или прочтет лично, как только получит от него ответ. Это казалось в какой-то мере вероятно еще и потому, что, несмотря на несомненное и настоящее искусство, с которым была написана книга, в ней была, я думаю, какая-то особенная привлекательность и для женщин. Но так или иначе, ответа я не получил.

Ровно через две недели после этого мне представилась неожиданная возможность поехать в Лондон для небольшого репортажа. Я пробыл там три дня и улучил время, чтобы зайти в издательство, напечатавшее книгу Александра Вольфа. Меня принял директор. Это был полный человек лет пятидесяти, представлявший из себя по типу нечто среднее между банкиром и профессором. Он бегло говорил по-французски. Я изложил ему причину моего визита и рассказал в нескольких словах, как я прочел «Приключение в степи» и почему этот рассказ меня заинтересовал.

— Мне хотелось узнать, получил ли мистер Вольф мое письмо.

— Мистера Вольфа сейчас нет в Лондоне, — сказал

директор, — и мы, к сожалению, лишены в данный момент возможности с ним сноситься.

— Это начинает становиться похожим на детективный роман, — сказал я не без некоторой досады. — Я не буду злоупотреблять вашим временем и пожелаю вам всего хорошего. Могу ли я рассчитывать на то, что, когда ваш контакт с мистером Вольфом возобновится, — если это когда-нибудь произойдет, — вы напомните ему о моем письме?

— Вы можете быть совершенно спокойны, — поспешно ответил он. — Но я бы хотел прибавить одну существенную вещь. Я понимаю, что ваш интерес к личности мистера Вольфа носит совершенно бескорыстный характер. И вот я должен вам сказать, что мистер Вольф не может быть тем человеком, которого вы имеете в виду.

— До сих пор я был почти уверен в противоположном.

— Нет, нет, — сказал он. — Насколько я понимаю, это должен быть ваш соотечественник?

— Это было бы вероятнее всего.

— В таком случае это совершенно исключено. Мистер Вольф англичанин, я знаю его много лет и могу за это поручиться. К тому же он никогда не покидал Англии больше чем на две или три недели, которые он проводил, чаще всего, во Франции или в Италии. Дальше он не ездил, я знаю это наверное.

— Значит, все это недоразумение, хотя меня это удивляет, — сказал я.

— Что же касается рассказа «Приключение в степи», то он вымышлен с первой до последней строки.

— В конце концов, это не невозможно.

В течение последних минут разговора я стоял, собираясь уходить. Директор тоже поднялся с кресла и вдруг сказал, особенно понизив голос:

— Конечно, «Приключение в степи» вымышлено. Но если бы это была правда, то я не могу вам не сказать, что вы поступили с непростительной небрежностью. Вы должны были целиться лучше. Это бы избавило от ненужных осложнений и мистера Вольфа, и некоторых других лиц.

Я с удивлением смотрел на него. Он улыбнулся очень натянутой улыбкой, которая показалась мне абсолютно неуместной.

— Правда, вы были слишком молоды и обстоятельства извиняют неточность вашего прицела. И потом все это, конечно, — со стороны мистера Вольфа, — только работа воображения, так случайно совпавшая с вашей действительностью. Желаю вам всего хорошего. Если у меня будут новости, я вам их сообщу. Разрешите мне прибавить еще одно; я значительно старше вас, и мне кажется, что я имею на это некоторое право. Уверяю вас, что знакомство с мистером Вольфом, если бы оно произошло, не принесло бы вам ничего, кроме разочарования, и не имело бы того интереса, который вы ему напрасно придаете.

Этот разговор не мог не произвести на меня чрезвычайно странного впечатления. Из него было ясно, что у директора издательства были какие-то личные счеты с Вольфом и настоящие — или воображаемые — причины его ненавидеть. То, что он почти упрекнул меня в недостаточно точном выстреле, звучало в устах этого полного и мирного человека по меньшей мере неожиданно. Так как книга была выпущена два года тому назад, то надо полагать, что события, заставившие директора изменить свое отношение к Вольфу, произошли именно в этот промежуток времени. Но все это, конечно, не могло мне дать никакого представления об авторе сборника «Я приду завтра», единственное, что я узнал, это было отрицательное мнение о нем директора издательства, вдобавок явно пристрастное. Я еще раз внимательно прочел книгу, мое впечатление не изменилось: тот же стремительный и гибкий ритм рассказа, та же удачность определений, то же безошибочное и, казалось, раз навсегда найденное соединение сюжетного матерьяла с очень короткими и выразительными авторскими комментариями.

Я не мог бы сказать, что я примирился с невозможностью узнать о Вольфе то, что меня интересовало, но я просто не видел, как это сделать. Со времени моего странного лондонского разговора прошел уже целый месяц, и я почти не сомневался, что рассчитывать на ответ Вольфа не следует, — может быть, вообще никогда и, во всяком случае, в ближайшем будущем. И я почти перестал думать об этом.

Я жил в те времена совершенно один. В числе ресторанов, где я обедал или завтракал, — их было четыре, в разных частях города, — был небольшой русский ресторан, самый близкий от моего дома и в котором я бывал несколько раз в неделю. Я пришел туда в Сочельник, приблизительно в десять часов вечера. Все столики были заняты, оставалось одно свободное место — в самом далеком углу, где одиноко сидел празднично одетый пожилой мужчина, которого я хорошо знал по виду, так как он был постоянным посетителем этого ресторана. Он всегда являлся с разными дамами, трудноопределимого в нескольких словах типа, но для жизни которых был, чаще всего, характерен какой-то перерыв в их деятельности: если это была артистка, то бывшая артистка, если певица, то у нее недавно испортился голос, если просто кельнерша, то вышедшая замуж некоторое время тому назад. У него была репутация донжуана — и я думаю, что среди этого круга женщин он, наверное, действительно пользовался успехом. Поэтому меня особенно удивило, что в такой день он был один. Но так или иначе, мне предложили место за его столиком, и я сел против него, поздоровавшись с ним за руку, чего раньше мне не приходилось делать.

Он был несколько мрачен, глаза его начинали мутнеть. После того как я сел, он выпил почти подряд три рюмки водки и внезапно повеселел. Кругом громко разговаривали люди, ресторанный граммофон играл одну пластинку за другой. В то время как он наливал себе четвертую рюмку, граммофон начал минорную французскую песенку:

> Il pleut sur la route,
> Le ceur en déroute[10].

Он внимательно слушал, наклонив голову набок. Когда пластинка дошла до слов:

> Malgré le vent, la pluie,
> Vraiment si tu m'aimes...[11]

он даже прослезился. Только тогда я заметил, что он уже очень пьян.

— Этот романс, — произнес он неожиданно громким голосом, обращаясь ко мне, — вызывает у меня некоторые воспоминания.

Я заметил, что на диванчике, где он сидел, рядом с ним лежала завернутая в бумагу книга, которую он несколько раз перекладывал с места на место, явно заботясь о том, чтобы ее не помять.

— Я думаю, что у вас вообще довольно много воспоминаний.

— Почему вам так кажется?

— Вид у вас такой, по-моему.

---

[10] На улице идет дождь,
 И сердцу не но себе (фр.).
[11] Пусть будет ветер, пусть дождь,
 Только люби меня... (фр.)

Он засмеялся и подтвердил, что, действительно, воспоминаний у него довольно много. Он находился в припадке откровенности и необходимости поговорить, особенно характерном именно для выпивших людей его размашистого типа. Он начал мне рассказывать свои любовные приключения, причем во многих случаях явно, как мне казалось, фантазировал и преувеличивал. Меня, однако, приятно удивило то, что ни об одной из своих многочисленных жертв он не отзывался дурно; во всех его воспоминаниях было нечто вроде смеси разгула с нежностью. Это был очень особенный оттенок чувства, характерный именно для него, в нем была несомненная и невольная привлекательность, и я понял, почему этот человек мог, действительно, иметь успех у многих женщин. Несмотря на внимание, с которым я следил за его рассказом, я не мог точно запомнить нестройную и случайную последовательность женских имен, которые он приводил. Потом он вздохнул, прервал сам себя и сказал:

— Но лучше за всю жизнь не было, чем моя цыганочка, Марина.

Он вообще часто употреблял уменьшительные слова, говоря о женщинах: цыганочка, девочка, блондиночка, черненькая, быстренькая, — так, что со стороны получалось впечатление, что он все рассказывает о каких-то подростках.

Он долго описывал мне Марину, которая, по его словам, обладала всеми решительно достоинствами, что само по себе было довольно редко; но удивительнее всего мне казалось, что она ездила верхом лучше любого жокея и без промаха стреляла из ружья.

— Как же вы решили с ней расстаться? — спросил я.

— Это не я решил, милый друг, — сказал он. — Ушла от меня смугляночка, и недалеко ушла, к соседу. Вот, — он показал мне завернутую книгу, — к нему и ушла.

— К автору этой книги?

— А к кому же другому?

— Можно посмотреть? — сказал я, протягивая руку.

— Пожалуйста.

Я развернул бумагу — и мне сразу бросилось в глаза знакомое сочетание букв: «I'll Come Tomorrow», by Alexander Wolf.

Это было в такой же степени неожиданно, как удивительно. Я молчал несколько секунд, продолжая смотреть на заглавие. Потом я спросил:

— Вы уверены, что приказчик в магазине не ошибся и не дал вам что-то другое?

32

— Помилуйте, — сказал он, — какая же тут может быть ошибка? Я по-английски не читаю, но уж в этом, будьте уверены, не ошибусь.

— Я знаю эту книгу, но мне недавно сказали, что ее автор англичанин.

Он опять засмеялся.

— Саша Вольф англичанин! Тогда почему, черт возьми, не японец?

— Вы говорите — Саша Вольф?

— Саша Вольф, Александр Андреевич, если хотите. Такой же англичанин, как мы с вами.

— Вы хорошо его знаете?

— Еще бы не знать!

— Вы давно его видели в последний раз?

— В прошлом году, — сказал он, наливая себе водки. — Ваше здоровье. В прошлом году, в это же время приблизительно.

Как закатились мы тогда на Монмартр, так там двое суток и оставались. Я уж и не помню, что было и как я домой попал. Это каждый раз, когда он в Париж попадает. Я, знаете, сам не прочь выпить и — как бы это сказать? — порезвиться, но уж он слишком. Я ему говорю — Саша, побойся ты Бога. А он отвечает всегда одинаково — жизнь, говорит, у нас только одна, и та очень скверная, так какого же черта? Что вы на это скажете? Приходится соглашаться.

Он был уже совсем пьян, его язык начинал заплетаться.

— Он, значит, живет не в Париже?

— Нет, он все больше в Англии, хотя его повсюду носит. Я ему говорю: отчего, дьявол, по-русски не пишешь? Мы бы почитали. Говорит, нет смысла, по-английски выгоднее, платят лучше.

— А что же было с Мариной?

— Время у вас есть?

— Сколько хотите.

Тогда он начал рассказывать во всех подробностях о Марине, об Александре Вольфе, о том, когда и как все это происходило. Это был беспорядочный и довольно цветистый рассказ, который изредка прерывался тем, что он пил то за здоровье Вольфа, то за здоровье Марины. Он говорил много и долго, и, несмотря на то, что это было лишено хронологической последовательности, я мог составить себе более или менее отчетливое представление обо всем.

Александр Вольф был моложе этого человека, — его звали Владимир Петрович Вознесенский, он был духовного происхождения, — на пять или шесть лет. Он был из Москвы или, может быть, из других мест, но, во всяком случае, с севера России. Вознесенский познакомился с ним в конном отряде товарища Офицерова, левого революционера с уклоном к анархизму. Отряд этот вел партизанскую войну на юге России. — Против кого? — спросил я. — Вообще против всяких войск, которые пытались захватить незаконную власть, — сказал Вознесенский с неожиданной твердостью. Насколько я понял, никакой определенной политической цели товарищ Офицеров не преследовал. Это был один из тех авантюристов очень чистого типа, которых знает история каждой революции и каждой гражданской войны. Численность его отряда то увеличивалась, то уменьшалась — в зависимости от обстоятельств, большего или меньшего количества трудностей, времени года и множества других, нередко случайных, причин. Но основная его группа всегда была одна и та же, и Александр Вольф был ближайшим сотрудником Офицерова. Он отличался, по словам Вознесенского, некоторыми, классическими в таких рассказах, качествами: неизменной храбростью, неутомимостью, способностью очень много пить и был, конечно, хорошим товарищем. В отряде Офицерова он провел больше года. За это время им пришлось жить в самых разных условиях: в крестьянских избах и в помещичьих домах, в поле и в лесу; иногда они голодали по нескольку дней, иногда непомерно объедались, страдали от холода зимой и от жары летом, — словом, это было то, что известно по опыту почти всякому участнику сколько-нибудь длительной войны. Вольф, в частности, был чрезвычайно аккуратен и чистоплотен — до сих пор не понимаю, когда он успевал бриться каждый день, — сказал Вознесенский; он умел играть на рояле, мог пить чистый спирт, очень любил женщин и никогда не играл в карты. Он знал по-немецки, это выяснилось однажды, когда Вознесенский и он попали к немецким колонистам и старуха, хозяйка фермы, не говорившая по-русски, собиралась послать свою дочь на подводе в ближайший город, за три километра, чтобы сообщить там штабу советской дивизии, что в деревне находятся два вооруженных партизана. Она сказала все это дочери по-немецки, в присутствии Вознесенского и Вольфа.

— Что же было дальше?

— Он мне тогда ничего не рассказал, только девчоночку мы не пустили, связали и отнесли на чердак, потом забрали провизию и ушли.

По словам Вознесенского, Вольф, уходя, покачал головой и сказал: — Эх, старуха какая! — Что ж ты ее не пристрелил? —

спросил Вознесенский позже, когда Вольф объяснил ему, в чем дело. — Будь она проклята, — сказал Вольф, — ей и так жить недолго осталось, ее без нас с тобой Бог приберет.

Вольфу очень везло на войне; из самых опасных положений ему удавалось уходить совершенно невредимым.

— Он ни разу не был ранен? — спросил я.

— Один только раз, — сказал Вознесенский, — но зато так, что я собирался панихиду служить. Это не façon de parler[12], как говорят французы; доктор объявил, что Саше осталось несколько часов жизни.

Но доктор ошибся; Вознесенский объяснял это тем, что он недооценил сопротивляемости Вольфа. Вознесенский прибавил, что Вольф был ранен в совершенно загадочных обстоятельствах, о которых он ничего не хотел сказать, ссылаясь на то, что не помнит, как это произошло. Тогда были жестокие бои между частями красной армии и отступавшими белыми; отряд Офицерова скрывался в лесах и не принимал в этом никакого участия. Приблизительно через час после того, как замолкли последние выстрелы, Вольф заявил, что поедет на разведку, и уехал один. Прошло часа полтора, он не возвращался. Вознесенский с двумя товарищами отправился его разыскивать. За некоторое время до этого они слышали три выстрела, третий был более далекий и слабый, чем два первых. Они проехали две или три версты по пустынной дороге, все было тихо, нигде не было видно никого. Стояла сильная жара. Вознесенский первый увидел Вольфа; Вольф лежал неподвижно поперек дороги и «хрипел кровью и пеной», как он сказал. Лошадь его пропала, что тоже было удивительно; она обычно ходила за ним, как собака, и никогда бы по доброй воле не ушла.

— Вы не помните, какая это была лошадь? какой масти?

Вознесенский задумался, потом сказал:

— Нет, не вспомню. Давно это было, черт его знает. Он их много переменил.

— Но как же, вот вы говорите, что она ходила за ним, как собака.

— А это у него был такой талант, — сказал Вознесенский, — все его лошади так. Знаете, бывают люди, которых никогда не трогают собаки, даже самые злые. А у него был такой же дар к лошадям.

И Вознесенскому, и его товарищам представлялись чрезвычайно странными обстоятельства, при которых Вольф

[12] оборот речи (фр.).

был так тяжело ранен. Доктор говорил потом, что рана была от револьверной пули, выстрел был сделан с небольшого расстояния, и Вольф не мог, конечно, не видеть того, кто в него стрелял. Главное, не было никакого боя и никого вокруг; только недалеко от того места, где они нашли Вольфа, лежал труп нерасседланной вороной кобылы. Вознесенский предполагал, что в Вольфа стрелял, по-видимому, человек, которому принадлежала эта лошадь, и он же потом уехал на так необъяснимо пропавшем коне Вольфа. Он прибавил, что если бы они, Вознесенский и его спутники, не опоздали, то не пожалели бы пуль, чтобы отомстить за товарища. Я вспомнил порыв горячего ветра, донесший до меня далекий топот нескольких лошадей — тот самый звук, который заставил меня тотчас же уехать.

— А может быть, в конце концов, — неожиданно сказал Вознесенский, — этот человек просто защищал свою жизнь и его тоже нельзя обвинять. Предлагаю вам по этому случаю чокнуться за его здоровье. Вам нужно выпить, у вас что-то очень задумчивый вид.

Я молча кивнул головой. Низкий женский голос в это время пел из граммофона:

> Не надо ничего,
> Ни поздних сожалений...

Был уже первый час ночи, в воздухе стоял холодноватый запах шампанского, маленькие облачка духов; пахло еще жареным гусем и печеными яблоками. С улицы доносились заглушенные автомобильные гудки, за ресторанной витриной, отделенная от нас только стеклом, начиналась зимняя ночь, с этим блеклым и холодным светом фонарей, отражавшимся на влажной парижской мостовой. И я видел перед собой, с необъяснимо печальной отчетливостью, жаркий летний день, растрескавшуюся черно—серую дорогу, медленно, как во сне, кружившую между маленькими рощами, и неподвижное тело Вольфа, лежащее на горячей земле после этого смертельного падения.

Вознесенский привез его в маленький бело—зеленый городок — белый от цвета домов, зеленый от деревьев — над Днепром и устроил его в больницу. Доктор сказал Вознесенскому, что Вольфу осталось несколько часов жизни. Но через три недели он вышел из больницы с ввалившимися щеками и густой щетиной на лице, делавшей его очень не похожим на себя. Вознесенский пришел за ним вместе с

36

Мариной, которую он встретил на следующий день после своего приезда в этот город. Она была в белом легком платье; браслеты звенели на ее смуглых руках. Года два тому назад она покинула родных и путешествовала с тех пор по южной России, зарабатывая то гаданьем, то пением. Вознесенский твердо верил, что она жила именно на такие доходы; судя по тому, как он ее описывал, я думаю, что ей вряд ли приходилось очень заботиться о своем пропитании. Ей было тогда семнадцать или восемнадцать лет. Когда Вознесенский говорил о ней, у него даже менялся голос, и я полагаю, что если бы он не был так пьян, то не рассказал бы мне о некоторых совершенно непередаваемых и действительно редких ее качествах, о которых, конечно, могли знать только люди, неоднократно испытавшие непреодолимую, горячую прелесть ее близости.

Он жил с Мариной в небольшом особняке; через два дома от них поселился Вольф, который был еще слишком слаб, чтобы начинать прежнее партизанское существование. В доме Вознесенского был рояль. Вольф пришел в гости к своему товарищу на следующий день в штатском костюме, выбритый и чистый, как всегда, они вместе обедали, потом он сел за рояль и стал аккомпанировать Марине, которая пела свои песни.

Через некоторое время Вознесенский уехал на несколько дней к Офицерову; и когда он вернулся, то Марины не было. Он пошел к Вольфу — и она отворила ему дверь. Вольф в этот день отсутствовал. Она посмотрела на Вознесенского без всякого смущения и с дикарской, непосредственной простотой сказала ему, что теперь она его больше не любит, а любит Сашу. В эту минуту, как сказал Вознесенский, она была похожа на Кармен.

— Я был человек крепкий, — сказал он, — на моих глазах были убиты мои товарищи, я сам часто рисковал жизнью, и все сходило с меня, как с гуся вода. Но в тот день я пришел домой, лег на кровать и плакал, как мальчишка.

То, что он мне рассказывал потом, было удивительно и наивно. Он убеждал Марину, что Вольф еще слишком слаб, что она должна была его пожалеть и оставить в покое.

— А когда он начинает кашлять и хрипеть, так я его отпускаю, — ответила она с той же простотой, которая была для нее характерна.

Впрочем, измена Марины никак не повлияла на отношения между Вознесенским и Вольфом. Вознесенский нашел в себе силы дружески относиться даже к Марине. Она прожила с Вольфом много месяцев, сопровождала отряд повсюду, и именно тогда они оценили ее искусство ездить верхом и стрелять из винтовки.

Затем наступили страшные времена. На преследование отряда, от которого осталось двести человек, была послана конная дивизия. Несколько недель они скрывались в лесах. Это было в Крыму. Офицеров был убит.

В один из последних дней их пребывания там они нашли в лесу недавно брошенные и хорошо оборудованные землянки. Впервые за полторы недели они провели спокойную ночь, в сравнительном тепле и с некоторыми удобствами. Они проспали много часов подряд. Когда они встали, поздно утром, Марины не было.

— Мы так и не узнали, что с ней случилось, — сказал Вознесенский, — и куда она пропала.

Но разыскивать ее у них не было ни времени, ни возможности. Они добрались пешком до побережья и уехали из России в трюме турецкого парохода, перевозившего уголь. В Константинополе, через две недели, они расстались — и встретились через двенадцать лет в Париже, в вагоне метро, когда Вольф, уже далеко не в первый раз, приехал во Францию из Англии, где постоянно жил.

О судьбе Марины Вознесенский так ничего и не знал. Она появилась неожиданно, в одно летнее утро, на базарной площади этого маленького городка над Днепром, и исчезла так же неожиданно, на рассвете осенней ночи, в Крыму. — Появилась, обожгла и пропала, — сказал он. — Но только мы ее не забыли, ни Саша, ни я.

Я смотрел на него и думал о неправдоподобном стечении обстоятельств, которое связало мою жизнь со всем, что он рассказывал. Пятнадцать лет тому назад этот человек, который теперь сидел против меня в парижском ресторане и встречал Рождество с водкой, гусем и воспоминаниями и в самом дружеском расположении к своему собеседнику, ехал, вместе с двумя товарищами, на поиски Александра Вольфа, и если бы не легкий ветер, то я не услышал бы их приближения, они могли бы меня догнать, и тогда, конечно, мой револьвер меня бы не спас. Правда, я думаю, что белый жеребец Вольфа был резвее их лошадей, но он так же мог быть ранен или убит, как моя вороная кобыла. Но не это занимало мои мысли. Это была случайность, касавшаяся моей личной судьбы, и если бы меня спросили, что было бы лучше — быть убитым тогда или уцелеть для той жизни, которая мне предстояла, я не уверен, что стоило выбирать второе. Мы расстались, наконец, с Вознесенским, он ушел неверной походкой, и я остался один, погруженный в мои мысли обо всем, что я узнал за последнее время и что вызывало во мне ряд очень нестройных и противоречивых представлений. Конечно, в рассказе Вознесенского могла быть известная доля фантазии, почти неизбежная для таких устных мемуаров, — но она не касалась главного. То, что сказал мне директор издательства, резко расходилось с тем, что я узнал в этот вечер ресторанного разговора; правда, директору я был склонен верить гораздо меньше, чем моему рождественскому собеседнику. Но зачем ему нужно было уверять меня, что Вольф никогда надолго не уезжал из Англии, — и почему он жалел, что я его не убил? Но и это были побочные соображения. Самым удивительным мне казалось другое: как этот Саша Вольф, друг Вознесенского, авантюрист, пьяница, любитель женщин, соблазнитель Марины, — как этот Саша Вольф мог написать «I'll Come Tomorrow»? Автор этой книги не мог быть таким. Я знал, что это был несомненно умный, чрезвычайно образованный человек, у которого культура не носила какого-то случайного характера; кроме того, он не мог не быть душевно чуждым такому милому и бесшабашному забулдыге, как Вознесенский, и всем вообще людям этой категории. Мне было трудно вообразить себе человека, так уверенно чувствовавшего себя в тех психологических переходах и оттенках, на удачном использовании которых была построена его проза, связывающим немецкую девочку—колонистку, например. В этом, конечно, не было ничего совершенно неправдоподобного, кроме того, это происходило много лет тому назад, но все-таки это уж как-то очень явно не соответствовало нормальному представлению об авторе «I'll Come Tomorrow». Был ли он англичанином или русским, тоже, на мой взгляд, не имело значения. Мне больше всего хотелось знать, — если предположить, что рассказ Вознесенского был в общем верен, в чем я почти не сомневался, — как Саша Вольф, авантюрист и партизан, превратился в Александра Вольфа, написавшего такую книгу. Это с трудом укладывалось в моем воображении, — этот всадник на белом жеребце, ехавший карьером навстречу своей смерти, и именно такой смерти — револьверная пуля на всем скаку, — и автор сборника, ставящий эпиграфом цитату из Эдгара По. — Рано или поздно, — думал я, — я все-таки узнаю это, и, быть может, мне удастся проследить с начала до конца историю этого существования, в том его двойном аспекте, который особенно интересовал меня. — Это могло произойти или не произойти; во всяком случае, об этом следовало говорить только в будущем времени, и я совершенно не представлял себе, в каких именно обстоятельствах я это узнаю, если мне вообще суждено это узнать. Меня невольно тянуло к этому человеку; и помимо тех причин, которые казались наиболее очевидными и достаточными, чтобы объяснить мой интерес к нему, была еще одна, не менее важная и связанная на этот раз с моей личной судьбой. Когда я впервые подумал о ней, однако, она почти показалась мне нелепой. Это было нечто вроде жажды самооправдания или поисков сочувствия, и я сам себе начал напоминать кого-то, кто, будучи приговорен к известному наказанию, естественно ищет общества людей, несущих такую же кару, как он сам. Другими словами, судьба Александра Вольфа интересовала меня еще и потому, что я сам страдал всю свою жизнь от непреодолимого и чрезвычайно упорного раздвоения, с которым тщетно пытался бороться и которое отравило лучшие часы моего существования. Быть может, предполагаемая двойственность Александра Вольфа была просто мнимой и все, что мне казалось противоречивым в моем представлении о нем, это были только различные элементы той душевной гармонии, которой отличался автор «I'll Come Tomorrow». Но если это было так, то особенно хотелось понять, каким образом ему удалось достигнуть столь счастливого результата и успеть в том, в чем я так давно и так неизменно терпел постоянные неудачи?

Историю этих неудач я помнил очень хорошо, еще с тех времен, когда вопрос о моем личном раздвоении носил совершенно невинный характер и никак, казалось бы, не предвещал тех катастрофических последствий, к которым привел позже. Это началось с того, что меня в одинаковой степени привлекали две противоположные вещи: с одной стороны, история искусства и культуры, чтение, которому я уделял очень много времени, и склонность к отвлеченным проблемам; с другой стороны — столь же неумеренная любовь к спорту и всему, что касалось чисто физической, мускульно—животной жизни. Я едва не надорвал себе сердца гирями, которые были слишком тяжелы для меня, я проводил чуть ли не полжизни на спортивных площадках, участвовал во многих состязаниях и вплоть до последнего времени предпочитал футбольный мяч любому театральному спектаклю. Я сохранил очень неприятные воспоминания о жестоких драках, которые были характерны для моей юности и которые были совсем не похожи на спорт. Все это давно прошло, конечно; у меня осталось два шрама на голове — я как сквозь сон вспоминал, что товарищи принесли меня тогда домой, покрытого запекшейся кровью и в изорванном гимназическом костюме. Но это все, — как и то, что я постоянно бывал в обществе воров и вообще людей, находившихся на временной свободе, от одной тюрьмы до другой, — не имело, казалось бы, особого значения, хотя и тогда уже можно было предполагать, что одинаково неизменная любовь к таким разным вещам, как стихи Бодлера и свирепая драка с какими-то хулиганами, заключает в себе нечто странное. Впоследствии все это приняло несколько иные формы, далекие, однако, от какого бы то ни было улучшения, потому что, чем дольше это продолжалось, тем больше становилось расхождение и резкое противоречие, характерное для моей жизни. Оно находилось между тем, к чему я чувствовал душевную склонность и тяготение, и тем, с чем я так тщетно боролся, именно этим бурным и чувственным началом моего существа.

Оно мешало всему, оно затемняло те созерцательные возможности, которые я ценил больше, чем что бы то ни было другое, оно не позволяло мне видеть вещи так, как я должен был их видеть, оно искажало их в своем грубом, но непреодолимом преломлении, оно заставляло меня совершать множество поступков, о которых я потом неизменно сожалел. Оно побуждало меня любить вещи, эстетическую ничтожность которых я прекрасно знал, это были вещи явно дурного вкуса, и сила моего влечения к ним могла сравниться только с отвращением, которое я необъяснимым образом испытывал к ним в одно и то же время.

Но все-таки самым грустным результатом этого раздвоения был мой душевный опыт по отношению к женщинам. Я давно ловил себя на том, что вот я слежу жадными и почти чужими глазами за тяжелым и грубым женским лицом, в котором самый внимательный и самый беспристрастный наблюдатель тщетно искал бы какой бы то ни было одухотворенности. Я не мог не видеть, что эта женщина одета с вызывающим и неизменным безвкусием, так же, как я не мог предполагать в ней ничего, кроме чисто животных рефлексов, — и все же движения ее тела и раскачивающаяся ее походка каждый раз производили на меня непостижимо сильное впечатление. Правда, я никогда не имел ничего общего с женщинами такого порядка, наоборот, при приближении к ним самым властным чувством во мне оказывалось все-таки отвращение. Другие женщины, которые прошли через мою жизнь, принадлежали к совершенно иному кругу, они составляли часть того мира, в котором я должен был бы жить всегда и откуда меня так неудержимо тянуло вниз. Я испытывал по отношению к ним лучшие, я думаю, чувства, на которые я был способен, — все-таки во всем этом был привкус какой-то вялой прелести, оставлявший во мне каждый раз ощущение смутной

41

неудовлетворенности. Это всегда было так — и я никогда не знал другого; я полагаю, что от этого последнего шага меня удерживало нечто похожее на инстинкт самосохранения, бессознательное понимание, что если бы это произошло, то кончилось бы душевной катастрофой. Но я нередко чувствовал, что она была близка; и я думал, что та же моя судьба, которая до сих пор так счастливо выводила меня из многих трудных и иногда опасных положений, — она же благоприятствовала мне, давая — в течение нескольких коротких часов за всю мою жизнь — иллюзию мирного и почти отвлеченного счастья, где не было места моему неудержимому стремлению вниз. Это было похоже на то, как если бы человек, которого всегда тянет в пропасть, жил в стране, где нет ни гор, ни обрывов, а только ровные просторы плоских равнин.

По мере того как проходило время и вместе с ним медленно двигалась моя жизнь, я привык к двойственности своего существования, как люди привыкают, скажем, к одним и тем же болям, характерным для их неизлечимой болезни. Но я не мог примириться до конца с сознанием того, что мое дикарское и чувственное восприятие мира лишило меня очень многих душевных возможностей и что есть вещи, которые я теоретически понимаю, но которые навсегда останутся для меня недоступны, как мне будет недоступен мир особенно возвышенных чувств, которые, однако, я знал и любил всю мою жизнь. Это сознание отражалось на всем, что я делал и предпринимал; я всякий раз знал, что то душевное усилие, на которое я, в принципе, должен был быть способен и которого другие были вправе от меня ждать, мне окажется непосильным, — и поэтому я не придавал значения многим практическим вещам, и поэтому моя жизнь носила в общем такой случайный и беспорядочный характер. Это же предопределило и мой выбор профессии; и вместо того, чтобы посвятить свое время литературному труду, к которому я чувствовал склонность, но который требовал значительной затраты времени и бескорыстного усилия, я занимался журнальной работой, очень нерегулярной и отличавшейся утомительным разнообразием. В зависимости от необходимости мне приходилось писать о чем угодно, начиная от политических статей и кончая отзывами о фильмах и отчетами о спортивных состязаниях. Это не требовало ни особенного труда, ни специальных знаний; кроме того, я пользовался либо псевдонимом, либо инициалами и уклонялся таким образом от ответственности за то, что писал. Этому, впрочем, научил меня опыт: почти никто и никогда из тех, о ком мне приходилось высказывать не совсем положительное суждение, не мог огласиться с моим отзывом, и каждый чувствовал настоятельную необходимость лично объяснить мне мое заблуждение. Изредка я должен был писать о том, что не входило в круг моей компетенции даже самым отдаленным образом, это случалось тогда, когда я заменял заболевшего или уехавшего специалиста. Одно время, например, мне все попадались некрологи, я написал их шесть за две недели, потому что мой товарищ, который занимался этим обычно — с необыкновенным рвением и редкой профессиональной честностью, — по прозвищу Боссюэ, лежал в кровати с двусторонним воспалением легких. Когда я пришел его навестить, он сказал мне с иронической улыбкой:

— Я надеюсь, милый коллега, что вам не придется утруждать себя некрологической заметкой обо мне. С вашей стороны это было бы самым жертвенным поступком, на который мы вправе надеяться.

— Дорогой мой Боссюэ, — сказал я, — я категорически обещаю вам, что ваш некролог я писать не буду. Я думаю, что лучше вас этого никто не сделает...

И самым удивительным было то, что Боссюэ действительно приготовил для себя некрологическую заметку, которую он мне показал и в которой я нашел все, к чему так привык, все положительные и классические пассажи этой литературы: тут был и бескорыстный труд, и смерть на посту — pareil à un soldat, il est mort au combat[13], — и безупречное прошлое, и горе семьи — que vont devenir ses enfants?[14], и так далее.

Период некрологов был памятен для меня, в частности, потому, что последнюю — шестую по счету — статью мне вернули из редакции с требованием больше оттенить положительные стороны покойного. Это было тем более трудно, что речь шла о политическом деятеле, умершем от прогрессивного паралича; вся жизнь его отличалась удивительным постоянством — последовательность темных дел, фальшивые итоги банковских операций, многочисленные партийные измены, затем банкеты, посещение наиболее известных кабаре и самых дорогих домов терпимости и, наконец, смерть от последствий венерической болезни. Это была спешная работа, я просидел над ней целый вечер, не успел вовремя пообедать, и, только дописав последние строки и отвезя статью в типографию, я зашел в русский ресторан, где встречал Сочельник, и после долгого перерыва снова встретил

---

[13] подобно солдату, он пал в бою (фр.).
[14] что станет с его детьми?

там Вознесенского, который опять сидел один и искренне мне обрадовался, как старому знакомому. Он обратился ко мне фамильярно и непринужденно, так, точно мы были знакомы много лет; но, как всегда, во всем, что он говорил или делал, в этом не было ничего шокирующего. Он спросил меня, где я пропадаю и нужно ли всякий раз дожидаться двунадесятого праздника, чтобы меня увидеть. Потом он поинтересовался тем, что я вообще делаю. Когда я ему сказал, что я журналист, он необыкновенно воодушевился.

— Вот вам счастье, — сказал он, — а мне Бог не дал.

— В чем же счастье?

— Помилуйте, да будь я журналистом, я бы такое написал, что все только удивлялись бы.

— Я думаю, что для этого не нужно быть журналистом. Вы бы попробовали.

— Пробовал, — ответил он, — ничего не выходит.

И он рассказал мне, как однажды сел писать свои мемуары, писал полночи и сам был в восторге, насколько все получалось замечательно.

— Так, знаете, умно, такие прекрасные сравнения, такое богатство слога, просто поразительно.

— Очень хорошо, — сказал я, — почему же вы не продолжали?

— Я лег спать, — сказал он, — уже под утро. Был я сам совершенно ослеплен своим собственным даром, который так внезапно открылся.

Потом он вздохнул и прибавил:

— Но когда я проснулся и все это опять прочел, мне, знаете, даже просто неприятно стало. Такие оказались глупости, так по-идиотски все было написано, что я только рукой махнул. Больше я никогда не буду писать.

Он сидел и задумчиво смотрел перед собой, на лице его было выражение искреннего огорчения. Потом, точно вспомнив что-то, он спросил меня:

— Да, вот о чем я хотел с вами поговорить. Скажите, пожалуйста, как пишет Саша? Хорошо или так себе? Помните, Саша Вольф, о котором мы с вами разговаривали?

Я ему сказал, что я думаю по этому поводу. Он покачал головой.

— А в этой книжке он о Марине не пишет?

— Нет.

— Жаль, о ней бы стоило. А о чем же он пишет? Вы извините, что я вас так расспрашиваю. по-английски я не знаю,

44

лежит у меня Сашина книга, как рукопись на неизвестном языке.

Я ему приблизительно рассказал содержание книги. Его особенно заинтересовало, конечно, «Приключение в степи». Он все не мог привыкнуть к той мысли, что Саша Вольф, этот самый Саша, которого он так хорошо знает, — такой же, как мы все, сказал он, — этот Саша оказался писателем, да еще английским вдобавок.

— Откуда у него это берется? Не понимаю, — сказал он. — Вот что значит талант. Такой же человек, как я. Я всю свою жизнь ухлопал на ерунду, а о Саше потом будут писать статьи и, может быть, даже книги. И нас, может быть, вспомнят, если он о нас напишет, и через пятьдесят лет какие-нибудь английские гимназисты будут о нас читать, и, таким образом, все, что было, не пройдет даром.

Он опять смотрел перед собой невидящим взглядом.

— И вот так все и останется, — продолжал он, думая вслух. — И как браслеты звенели на Марининых руках, и какой Днепр был в то лето, и какая была жара, и как Саша лежал поперек дороги. Так он, значит, видел, кто в него стрелял тогда? По его описанию, вы говорите, мальчишка? Как это у него сказано?

Я повторил более подробно это место рассказа.

— Да, да, — сказал Вознесенский. — Это очень вероятно. Испугался, может быть, мальчонка. Вы представляете себе? Лошадь под ним убили, стоит, бедняга, один в поле, а на него карьером несется какой-то бандит с винтовкой.

Он опять задумался.

— Так мы никогда о нем ничего и не узнаем. Был ли это гимназист, который еще недавно боялся преподавателей больше, чем пулемета, и дома читал мамины книги, или хулиган, вроде беспризорного, и стрелял ли он от испуга или со спокойным расчетом, как убийца? Во всяком случае, — прибавил он неожиданно, — если бы я его каким-нибудь чудом встретил, я бы ему сказал: спасибо, дружок, что немного промахнулся; благодаря этому промаху мы все останемся жить — и Марина, и Саша, и даже, может быть, я.

— А вы придаете этому такое значение?

— А как же? — сказал он. — Жизнь проходит бесследно, миллионы людей исчезают, и о них никто не вспомнит. И из этих миллионов остаются какие-то единицы. Что может быть замечательнее? Или вот, живет красавица, вроде Марины, из—за которой десятки людей готовы, может быть, умереть, — и через несколько лет от нее ничего не останется, кроме где-то догнивающего ее тела? Разве это справедливо?

— Действительно, можно только пожалеть, что вы не писатель.

— Ах, милый мой, конечно. А вы думали, что я даром сокрушался по этому поводу? Я человек простой, но что же поделать, если во мне есть жажда бессмертия? Я прожил очень разгульную жизнь, все девочки да рестораны, — но это не значит, что я никогда и ни над чем не задумался. Наоборот, после девочек и ресторанов, в тишине и одиночестве, — вот тогда вспомнишь все, и на душе особенно печально. Это вам все развратники и все пьяницы подтвердят.

На этот раз он был в созерцательном настроении и почти трезв. Со мной под конец он стал разговаривать таким тоном, каким старшие разговаривают с младшими. Вот когда проживете с мое... Вы, конечно, слишком молоды... Потом речь снова была о Вольфе, но ничего нового он о нем не сказал.

Прошло еще несколько недель, и за все это время к моим сведениям не прибавилось ничего, даже в области моих собственных предположений. Из Лондона я не получил ни одного письма. Мне неоднократно приходила в голову мысль, что все это останется так навсегда: Вольф мог умереть, я мог его никогда не встретить, и то, что я знаю о нем, ограничится его рассказом «Приключение в степи», моими собственными воспоминаниями об этих жарких летних днях и тем, что говорил мне Вознесенский. Я вспомню еще несколько раз дорогу, бело-зеленый город над Днепром, звуки рояля в маленьком особняке и звон браслетов на руках Марины, — которого не мог забыть Вознесенский, — потом все это постепенно будет бледнеть и тускнеть, и затем почти ничего не останется, кроме, пожалуй, книги, написанной этим упругим и точным языком и заглавие которой тоже будет звучать для меня какой-то отдаленной насмешкой.

Я бывал по-прежнему время от времени в этом ресторане, но все попадал не в те часы, когда туда приходил Вознесенский, который, впрочем, потерял для меня теперь значительную долю интереса. по-прежнему граммофон, соединенный с аппаратом радио, играл свои пластинки, — и всякий раз, когда низкий женский голос начинал романс:

Не надо ничего,
Ни поздних сожалений... —

я невольно поднимал голову, и мне начинало казаться, что вдруг отворится дверь, и войдет Вознесенский, и вслед за ним быстрой походкой пройдет человек с белокурыми волосами и остановившимся взглядом серых глаз. То, что у него были серые глаза, вспомнил теперь отчетливо, хотя в тот раз, когда я их видел, они были покрыты почти что предсмертной мутью, и я заметил их цвет только потому, что это происходило в очень исключительных обстоятельствах.

* * *

Я продолжал вести прежний образ жизни, в нем ничего не изменилось, все было, как всегда — хаотично и печально, и я временами не мог отделаться от впечатления, что живу так уже бесконечно давно и давно знаю до смертельной тоски все, что мне приходится видеть: этот город, эти кафе и кинематографы, эти редакции газет; одни и те же разговоры об одном и том же и приблизительно с одними и теми же людьми. И вот однажды, в феврале месяце мягкой и дождливой зимы, без всякой подготовки к этому, без какого бы то ни было ожидания чего-то нового, начались события, которые впоследствии должны были завести меня очень далеко. В сущности, начало их ни в какой степени не могло быть названо случайностью, по крайней мере, с моей стороны. Точно так же, как некоторое время тому назад я занимался некрологами вместо Боссюэ, который теперь, к счастью, выздоровел и принялся опять с непонятным рвением писать свои похоронно—лирические статьи, — так я должен был после этого заменить другого сотрудника газеты, специалиста по отчетам о спортивных состязаниях, уехавшего в Барселону, чтобы присутствовать на очень важном — с его точки зрения — интернациональном футбольном матче. Через день после этого в Париже должно было происходить не менее значительное событие, именно финал чемпионата мира в полутяжелом весе, и отчет об этом был поручен мне. Меня очень интересовал исход матча. Я имел вполне определенное представление о карьере и качествах каждого из противников, и их столкновение представляло для меня особенный интерес. Один из боксеров был француз, знаменитый Эмиль Дюбуа, другой — американец, Фред Джонсон, который впервые выступал в Европе. Общим фаворитом был Дюбуа; я был одним из немногих, считавших, что матч будет выигран Джонсоном, потому что я располагал сведениями, которые большинству публики и даже большинству журналистов были неизвестны, и для того, чтобы так думать, у меня были некоторые основания. Дюбуа я знал давно; за последние несколько лет он не потерпел ни одного поражения. Несмотря на это, его никак нельзя было назвать исключительным боксером. У него были несомненные природные данные, но это было скорее отсутствие некоторых недостатков, а не сумма достоинств: он отличался необыкновенной сопротивляемостью, мог вынести множество жестоких ударов, у него были прекрасные легкие и сердце и неисчерпаемое дыхание. В этом заключались его положительные качества, недостаточные, однако, чтобы сказать, что он обладал резкой профессиональной индивидуальностью. Тактика, всегда одна и та же, которую он применял, свидетельствовала о полном отсутствии у него какого бы то ни было вдохновения или фантазии; она оказалась удачной несколько раз, и он потом никогда ей не изменял. У него были короткие руки, он был недостаточно быстр и недостаточно гибок. Он выигрывал матчи благодаря частым corps a corps[15], его удары всегда приходились по ребрам противника, и во всей его карьере было только два классических нокаута, оба совершенно случайные. У него давно были расплющены уши и раздавлен прямыми ударами нос; он шел обычно на противника, как бык, опустив свою крепкую голову и вынося все удары с несомненным и тупым мужеством. Он был чемпионом Европы в полутяжелом весе, и на этот раз вся пресса предсказывала ему быструю победу. В частной жизни это был глупый и очень добродушный человек, он, между прочим, никогда не предъявлял никаких претензий к журналистам, что бы о нем ни писали; в довершение всего он читал вообще с трудом и мало интересовался газетами.

О Фреде Джонсоне я знал только то, что о нем писали американские журналисты. Нужно было произвести большую работу, чтобы из всей этой массы рекламных статей извлечь сколько-нибудь положительные данные для суждения о нем. Джонсон не мог кончить университета, потому что у него не хватило денег, и именно это заставило его выбрать профессию боксера. Это само по себе было достаточно необыкновенно. Вторая особенность его, уже чисто профессиональная, была та, что он доводил почти все свои матчи до последнего раунда. Третье, то, о чем неизменно жалели все, кто о нем писал, это что он не обладал нужной силой удара и количество нокаутов в его карьере было ничтожно. Они все-таки время от времени случались, и это каждый раз вызывало всеобщее удивление, но так как это бывало редко, то быстро забывалось. Все писавшие о нем неизменно подчеркивали необыкновенную быстроту его

---

[15] ближним боям (фр.).

движений и разнообразие его тактики. Я много раз видел его фотографии: лицо Джонсона, в противоположность лицам большинства профессиональных боксеров, не было обезображено. Прочтя о нем несколько десятков статей и следя за результатами его матчей, я пришел к некоторым чисто теоретическим выводам, и мне особенно интересно было проверить их теперь. Выводы эти были следующие. Во—первых, Джонсон — по крайней мере, в своих боксерских выступлениях — был умен, что давало ему мгновенное огромное преимущество над его противниками; я очень люблю бокс, но давно убедился в том, что всякие иллюзии по поводу быстроты соображения у боксеров и присутствия у них элементарной гибкости воображения, даже только в техническом смысле, чаще всего — в девяноста случаях из ста — совершенно напрасны. Во-вторых, он, по-видимому, обладал не меньшей выносливостью, чем Дюбуа, так как только боксер с исключительными физическими данными мог позволить себе роскошь выдерживать каждый раз десять или пятнадцать раундов. В—третьих, он прекрасно владел техникой защиты, — доказательством служило то, что лицо его за всю карьеру серьезно не пострадало. И затем последнее и самое главное: он — так мне казалось — обладал, когда это было абсолютно необходимо, достаточной силой удара для нокаута, но пользовался этим лишь в чрезвычайно редких случаях, предпочитая выигрывать матчи по очкам. Он, кроме того, был моложе Дюбуа на шесть лет; это тоже имело некоторое значение.

Я был совершенно уверен в правильности моих предположений, но все-таки они все основывались на косвенных вещах и вдобавок таких недостоверных, как спортивные отчеты американских газет. Задача Джонсона в этом матче сводилась только к одному: он должен был удерживать Дюбуа на расстоянии и не допускать corps à corps. Я был уверен, что Джонсон не может этого не понять и что в таком случае превосходство его техники обеспечит ему победу.

Я давно не видел такой толпы и такого скопления автомобилей, как в вечер этого матча, перед входом в огромный Palais des Sports[16]. Все билеты давно были проданы. Прямо перед входом стояла громадная машина американского посла. На улице, под мелким зимним дождем, толпилось множество людей; редкие барышни прятались от полиции по темным углам. Едва я сделал несколько шагов, как меня

---

[16] Дворец спорта (фр.).

окликнул один мой знакомый, молодой архитектор, которого я знал по Латинскому кварталу в студенческие годы.

— Счастливец! — громко сказал он, пожимая мне руку. — Тебе не надо искать каких-то мерзавцев, которые продают двадцатифранковый билет за полтораста франков! Я бы тоже, черт возьми, хотел иметь карту журналиста, как ты. Держишь пари против Дюбуа? Ставлю десять франков. Ах, вот он! — закричал он, увидев невысокого человека в кепке. — Вот мой билет, до свиданья! — И он исчез.

И в эту секунду женский голос, очень спокойный, без всякого изменения интонаций, сказал мне с небольшим иностранным акцентом:

— Простите, пожалуйста, вы действительно журналист?

Я обернулся. Это была женщина лет двадцати пяти — двадцати шести, хорошо одетая, с довольно красивым, неподвижным лицом и небольшими серыми глазами; шляпа не закрывала ее лба очень чистой и правильной формы. Меня удивило, что она обратилась к незнакомому человеку, это мне казалось для нее нехарактерным. Но она говорила с такой простотой и свободой, что я тотчас же ей ответил: да, я действительно журналист и был бы рад, если бы мог ей быть чем-нибудь полезен.

— Я не могла достать билета на матч, — сказала она, — мне очень хотелось бы его видеть. Вы не можете меня провести?

— Постараюсь, — ответил я. В общем, после долгих разговоров с дирекцией, дав на чай контролеру, мы прошли с ней в зал, и я уступил ей свое кресло, которое она приняла без всякого смущения; я остался стоять рядом с ней, непосредственно у каменного барьера, отделявшего наши места от других. Она ни разу потом не посмотрела на меня и только спросила перед началом матча, почти не поворачивая головы:

— Как вы думаете, кто выиграет?

— Джонсон, — сказал я.

Но в это время на ринге появились уже боксеры, и разговор прекратился. Два боя, предшествовавших чемпионату, не представляли никакого интереса. Наконец наступила минута, когда должен был начаться главный матч. Я увидел широкую и коренастую фигуру Дюбуа в темно-розовом мохнатом халате; он подходил к рингу, сопровождаемый своим менеджером и двумя людьми, демонстративно державшими в руках полотенца. Тупое и спокойное его лицо изображало обычную равнодушную улыбку. Толпа аплодировала и ревела, сверху слышались поощрительные крики:

50

— Vas—y, Mimile! Fais lui voir! Tape dedans! Tas qu'à y aller franchement![17]

Я не заметил, откуда к рингу подошел Джонсон, который буквально проскользнул под веревкой и очутился рядом с Дюбуа. Как это иногда бывает, по одному его случайному движению, именно по тому, как он нагнулся под веревку и затем выпрямился, было видно, что все его тело обладало идеально уравновешенной гибкостью. Он был в синем халате с продольными полосами. Когда они оба были раздеты, разница между ними не могла не броситься в глаза. Дюбуа казался гораздо шире и тяжелее своего противника. Я увидел опять его круглые, крепкие плечи, мохнатую грудь и толстые, мускулистые ноги. В Джонсоне меня поразила прежде всего его худоба, его отчетливо видные ребра, его руки и ноги, казавшиеся особенно тонкими по сравнению с руками и ногами Дюбуа. Но, присмотревшись внимательнее, я увидел, что у него была огромная грудная клетка, широкие плечи, почти балетной красоты ноги и на его безволосом торсе легко и послушно двигались под блестящей кожей небольшие, плоские мускулы. Он был блондин, у него было некрасивое и подвижное лицо. На вид ему можно было дать лет девятнадцать; на самом деле ему было двадцать четыре года. Ему тоже аплодировали, но, конечно, не так, как Дюбуа. Он поклонился без улыбки — и после удара гонга начался матч.

Мне сразу показалось тревожным то обстоятельство, что защитная позиция Джонсона, похожая на классическую позицию Дэмпси — оба кулака почти на уровне глаз, — явно не подходила для матча с Дюбуа, так как оставляла совершенно открытым весь торс. Но уже после первого раунда я понял мою ошибку: настоящая защита Джонсона заключалась не в той или иной позиции, а в необыкновенной быстроте его движений. Дюбуа начал матч в стремительном темпе, который был для него нехарактерен; он, по-видимому, точно подчинялся предварительным указаниям своего менеджера. Было заметно, что он прекрасно тренирован, я никогда его не видел в такой совершенной форме. С того места, где я стоял, я ясно видел его непрекращающиеся удары и слышал их скачущие, тупые звуки, похожие издали на мягкий и неровный топот. Они попадали в открытую грудь Джонсона, который отступал, кружась по рингу. Атака Дюбуа была настолько стремительна, что все внимание публики было обращено только на него. О Джонсоне, казалось, никто не думал; один из моих соседей громко говорил с возмущением: — Но его не существует, его нет на ринге, я не вижу даже его тени! — Это не матч, это убийство! — кричал чей-то женский голос. Поощряемый толпой, Дюбуа все яростнее наступал на противника; были видны его круглые, быстро передвигающиеся плечи, тяжелое перебирание его массивных ног, и со стороны невольно начинало казаться, что всякое сопротивление этой живой и неудержимой машине невозможно. Вся толпа думала так, и редкие зрители, сохранившие хладнокровие и следившие внимательно за боем, не могли не разделять это мнение.

— Это всегдашняя история с американцами! — кричал мой сосед. — В Америке они совершают какие-то чудеса, в Европе их бьют, как хотят!

Из—за чрезвычайно быстрого темпа, в котором прошел весь первый раунд, я не мог судить о том, в какой степени Джонсон был на высоте положения. Только во время перерыва я заметил, что он дышал ровно и спокойно и на его лице появилось то напряженное и уверенное выражение, которое я помнил по его газетным портретам.

Второй и третий раунды были повторениями первого. Я никогда не думал, что Дюбуа способен к такому быстрому и свирепому нападению. Но уже тогда стало заметно, что ему не удаются его corps a corps, от которых Джонсон все время уходил. Дюбуа стремился именно к этому и не жалел никаких усилий. Тело его блестело от пота, но удары чередовались в прежнем, не ослабевающем ни на минуту ритме. Джонсон продолжал отступать все время, совершая почти правильные круги по рингу. В конце четвертого раунда, когда казалось, что матч безвозвратно выигран и что для окончательного решения остается выполнение только каких-то формальностей (удары продолжали сыпаться на Джонсона, который чудом еще держался на ногах, — coup de grâce! coup de grâce! — кричали сверху пронзительные голоса, — t'as qu'à en finir, Mimile![18], на ринге вдруг произошло движение, настолько молниеносное, что его буквально никто не успел заметить, раздался мгновенный тупой звук падающего тела, и я увидел, что Дюбуа рухнул всей тяжестью на пол. Это было так неожиданно и невероятно, что по всему огромному Palais des Sports прошел одновременный гул толпы, похожий на чудовищный вздох. Сам арбитр настолько растерялся, что не сразу начал считать секунды. На седьмой секунде тело Дюбуа оставалось

---

[18] Здесь: нокаут! ...добей его, Мамиль! (фр.)

неподвижным. На восьмой раздался звук гонга, возвещающий конец раунда.

С пятого раунда матч принял совершенно другой характер. Точно так же, как до четвертого перерыва на ринге был, казалось, только Дюбуа, так теперь вместо него появился Джонсон, и вот тогда можно было оценить его необыкновенные качества. Это был урок классического бокса, и Джонсон казался непогрешимым учителем, неспособным сделать ни одной ошибки. Он к тому же явно щадил своего противника. Дюбуа, наполовину оглушенный, шел теперь почти вслепую и неизменно натыкался на кулаки Джонсона. Он падал еще много раз, но поднимался с невероятным усилием и под конец почти перестал защищаться, беспомощно закрывая руками лицо и со своим обычным, на этот раз едва ли не бессознательным мужеством вынося все удары. Один глаз его был закрыт, по лицу стекала кровь, которую он слизывал машинальным движением, звучно глотая слюну. Было непонятно, почему арбитр не останавливает матч. Джонсон несколько раз в середине раунда опускал руки, вопросительно глядя то на Дюбуа, то на арбитра, и я явственно слышал, как он сказал — but he's dead[19], — но потом пожимал плечами и продолжал ненужную теперь демонстрацию своего удивительного искусства. И только в начале шестого раунда таким же быстрым движением, но которое на этот раз видели все, его правый кулак с необыкновенной силой и точностью попал в подбородок Дюбуа, и Дюбуа унесли с ринга в бессознательном состоянии. В зале стоял грохот и крик, уже бесформенный и бессмысленный, и толпа начала медленно расходиться.

Зимний дождь лил не переставая. Мы вышли с моей спутницей, я остановил такси и спросил ее, куда она едет.

— Вы были так любезны, — сказала она, не затворяя дверцу автомобиля и сидя уже внутри, — я не знаю, как вас благодарить.

— Я вам предлагаю выпить кофе, это полезно после сильных ощущений, — сказал я. Она согласилась, и мы поехали в ночное кафе на rue Royale. По стеклам автомобиля скатывались капли дождя, тускло блестя в свете фонарей.

— Почему вы думали, что матч выиграет Джонсон? — спросила она. Я подробно изложил ей мои соображения по этому поводу.

— Вы следили за американскими газетами?

---

[19] — но он же сдох (англ.).

— Это моя профессиональная обязанность.

Она замолчала. Мне почему-то было неловко в ее присутствии, и я начинал жалеть, что пригласил ее в кафе. Каждый раз, когда автомобиль попадал в полосу фонарного света, я видел ее холодное и спокойное лицо, и через несколько минут я подумал о том, зачем, собственно говоря, я еду пить кофе с этой незнакомой женщиной, у которой такое отсутствующее выражение, как если бы она сидела в парикмахерской или в вагоне метро.

— Для журналиста вы не очень разговорчивы, — сказала она через некоторое время.

— Я вам обстоятельно рассказал, почему я думал, что Джонсон выиграет матч.

— И этим ограничиваются ваши возможности как собеседника?

— Я не знаю, какие темы вас интересуют. Я предполагал, что это главным образом бокс.

— Не всегда, — сказала она, и в это время автомобиль остановился. Через минуту мы сидели за столиком и пили кофе. Только тогда я разглядел как следует мою спутницу, вернее, заметил одну ее особенность: у нее был неожиданно большой рот с полными и жадными губами, и это придавало ее лицу дисгармоническое выражение, — так, точно в нем было нечто искусственное, потому что соединение ее лба и нижней части лица производило даже несколько тягостное впечатление какой-то анатомической ошибки. Но когда она в первый раз улыбнулась, обнажив свои ровные зубы и чуть— чуть открыв рот, — в этом вдруг проскользнуло выражение теплой и чувственной прелести, которое еще секунду тому назад показалось бы совершенно невозможным на ее лице. Я неоднократно вспоминал потом, что именно с этой минуты я перестал чувствовать по отношению к ней ту неловкость, которая связывала меня до сих пор. Мне стало легко и свободно. Я спрашивал ее о разных вещах, которые касались ее лично. Она сказала, что ее фамилия Армстронг, что у нее недавно умер муж, что она живет в Париже одна.

— Ваш муж был?..

Она ответила, что он был американец, инженер, что в течение последних двух лет она не встречалась с ним: она была в Европе, он оставался в Америке. Она получила телеграмму о его скоропостижной смерти, находясь в Лондоне.

— У вас нет американского акцента, — сказал я. — Ваш акцент нейтрально иностранный, если так можно сказать.

Она опять улыбнулась этой улыбкой, которая всегда

производила впечатление неожиданности, и ответила, что она русская. Я едва не привстал со своего места — и я до сих пор не знаю, почему тогда это показалось мне таким удивительным.

— А вы не подозревали, что имеете дело с соотечественницей?

Она говорила теперь на очень чистом русском языке.

— Согласитесь, что это трудно было предположить.

— А я знала, что вы русский.

— Преклоняюсь перед вашей проницательностью. Каким образом, если это не секрет?

— По глазам, — сказала она насмешливо. Потом она пожала плечами и прибавила:

— Потому что из кармана вашего пальто торчала русская газета.

Был уже второй час ночи. Я предложил ей отвезти ее домой. Она ответила, что поедет одна, что она не хочет меня беспокоить.

— Вас, наверное, зовут ваши профессиональные обязательства, не так ли?

— Да, я должен сдать отчет о матче.

Я твердо решил не спрашивать ее, где она живет, и не искать с ней никаких новых встреч. Мы вышли вместе, я довел ее до такси и сказал:

— Желаю вам спокойной ночи, всего хорошего.

Она протянула мне руку, на которую упало несколько капель дождя, и ответила, улыбнувшись в последний раз:

— Спокойной ночи.

Я не знаю, было ли это в действительности так или мне просто послышалось. Мне показалось, что в ее голосе появилась и мгновенно исчезла новая интонация, какая-то звуковая улыбка, имевшая такое же значение, как это первое, отдаленно чувственное движение ее губ и зубов, после которого я перестал ощущать неловкость в ее присутствии. Не думая ни секунды о том, что я говорю, и совершенно забыв, — так, точно его никогда не было, — о только что принятом решении ее ни о чем не спрашивать, я сказал:

— Мне было бы жаль расстаться с вами, не узнав ни вашего имени и отчества, ни вашего адреса. В конце концов, если ваш интерес к спорту носит постоянный характер, я мог бы, может, быть вам еще полезен.

— Это возможно, — сказала она. — Меня зовут Елена Николаевна. Вот мой адрес и телефон. Вы не записываете?

— Нет, я запомню.

— Вы так полагаетесь на вашу память?

— Совершенно.

Она сказала, что бывает дома до часу дня и вечером, от семи до девяти, захлопнула дверцу автомобиля и уехала.

Я пошел пешком по направлению к типографии; была очень туманная ночь с ни на минуту не прекращающимся дождем. Я шел, подняв воротник пальто, и думал одновременно о разных вещах.

«Ценность Джонсона, которая до сих пор считалась спорной, вчера проявилась с такой несомненностью, что теперь этот вопрос представляется совершенно разрешенным в самом положительном смысле. Это, впрочем, следовало предполагать, и для некоторых журналистов, располагавших известными сведениями о карьере нового чемпиона мира, исход матча был ясен заранее».

«Она сказала — вас зовут ваши профессиональные обязательства, — это звучит не совсем по-русски. Это была, впрочем, единственная ошибка, которую она сделала».

«Мужество Дюбуа не может не вызывать уважения. Те его недостатки, которые не играли особенной роли в его прежних столкновениях с боксерами средней, в конце концов, ценности, в данном случае, в матче против такого технически безупречного противника, как Джонсон, его погубили».

«В ней есть нечто неестественно—притягивающее, и эта дисгармония ее лица, может быть, соответствует какой-то душевной аномалии».

«То, что на все лады и так неизменно повторялось о Джонсоне, именно, что он не обладает достаточной силой удара для нокаута, надо полагать, только тактический прием, который с постоянным успехом повторял его менеджер. Это был публицистический трюк au rebours[20], характерный для американской спортивной прессы».

«Я бы хотел знать, что будет дальше. Rue Octave Feuillet — это недалеко от avenue Henri Martin, если я не ошибаюсь».

«Все прежние успехи Дюбуа объяснялись тем, что никто из его противников не понимал такой простой вещи, как необходимость избегать corps à corps, или не обладал достаточной техникой, чтобы привести в исполнение такой простой план. Вместе с тем, будучи лишен возможности прибегать к corps à corps, Дюбуа сразу терял свое главное преимущество. Джонсон понял это с характерной для него быстротой соображения, и с этой минуты Дюбуа был обречен».

«Мне, может быть, предстоит какое-то новое душевное

_____

[20] навыворот (фр.).

путешествие и отъезд в неизвестность, как это уже случалось в моей жизни».

«Будем откровенны до конца: несмотря на несомненные достоинства Дюбуа, его претензии на звание чемпиона мира были, конечно, результатом недоразумения. Он — честный труженик бокса, один из лучших, каких мы знаем; но у него никогда не было того исключительного и чрезвычайно редкого соединения разнообразных данных, без которого человек не имеет права на одно из первых мест в истории бокса. За много лет, из сотен боксеров, в памяти историков спорта останется вообще лишь несколько имен; последние из них — Карпантье, Дэмпсей и Тэнней. Если Джонсона можно — с известной степенью произвольности — поставить в их ряд, то Дюбуа в этом сопоставлении, конечно, мог бы играть только самую печальную роль, что, впрочем, ни в какой мере не умаляет его заслуг».

«Если бы в ее голосе не появилась эта неожиданная интонация, то, вероятнее всего, я бы больше никогда ее не увидел».

Я дошел до маленького кафе, возле типографии, и написал статью, которую обдумывал по дороге. Потом я сдал ее в набор, поехал домой и лег спать в половине четвертого утра. Закрыв глаза, я увидел перед собой в последний раз обнаженные тела боксеров, и освещенный квадрат ринга, и неожиданную улыбку моей спутницы — и заснул, наконец, под звук дождя, который доходил до меня через полуоткрытое окно моей комнаты.

В течение всей следующей недели я был очень занят, мне были нужны деньги, чтобы заплатить за множество вещей, о которых я почти не думал в последнее время, и поэтому я писал каждый день по нескольку часов. Так как чаще всего речь шла о том, к чему я не был подготовлен, то мне приходилось предварительно знакомиться с некоторым количеством матерьяла.

Так было с женщиной, разрезанной на куски, — нужно было проследить по газетам все сообщения, предшествовавшие тому моменту следствия, с которого я начал, так было с финансовым скандалом, так было с исчезновением молодого человека восемнадцати лет. Вся эта работа была впустую: убийца женщины не мог быть найден, это было очевидно по началу следствия, выяснившего, что нет никаких следов преступника; банкротство финансового предприятия тоже ничем не кончилось, и журналистам были даны инструкции не называть собственных имен. Эти имена принадлежали очень известным и почтенным лицам, так что серия статей по поводу банковского краха носила явно временный характер, и действительно, через несколько дней всякое упоминание об этом исчезло; все знали, какая сумма была уплачена за молчание прессы, но это не меняло того обстоятельства, что матерьял был исчерпан. Наконец, история с молодым человеком тоже не была секретом ни для кого из нас, она объяснялась его «специальной нравственностью», как это называлось на официальном языке; молодой человек был просто увезен с полного своего согласия на загородную виллу одного знаменитого художника, тоже отличавшегося «специальной нравственностью», но с несколько иным уклоном, так что его общение с молодым человеком представляло собой совершенно законченную идиллию. Этот художник рисовал портреты президентов и министров, был близко знаком со многими государственными людьми, у которых он мирно продолжал бывать, — и в отчетах об этих приемах было по-прежнему написано: «Среди присутствующих мы заметили нашего знаменитого художника...» Молодой человек наслаждался своим специальным — и своеобразным — счастьем в двадцати километрах от Парижа, а в газетах печатались его фотографии, интервью с его родителями, заявления инспекторов «светской бригады» и так далее. Я написал за неделю четырнадцать статей об этих трех событиях, и это сразу восстановило мой бюджет. Менеджер Дюбуа требовал реванша, обвинял арбитра в пристрастности и даже написал текст заявления самого Дюбуа, который объяснял, что следовал вполне определенной тактике, собирался выиграть бой в последних раундах и нокаут Джонсона был явной случайностью. Менеджер, кроме того, настаивал на недопустимом, по его мнению, тоне, в котором было написано большинство отчетов о матче, и подчеркивал, что ему было стыдно читать эти строки на страницах парижской прессы. По этому поводу было напечатано еще несколько статей, имевших официальной целью восстановление истины, — но как менеджер, так и журналисты очень хорошо знали, что речь шла вовсе не об истине, а об интересах менеджера и Дюбуа, плата которому за следующие матчи должна была понизиться после его поражения. Это было совершенно неизбежно, но надо было сделать все, чтобы понижение не носило слишком резкого характера.

Я чувствовал себя в эти дни легко и тревожно — приблизительно как во времена моей ранней юности, когда мне предстоял отъезд в далекое путешествие, из которого я, может быть, не вернусь. Мысль о моей спутнице в вечер матча

Джонсона — Дюбуа неизменно возвращалась ко мне, и я знал с совершенной интуитивной точностью, что моя следующая встреча с ней — только вопрос времени. Во мне начилось уже душевное и физическое движение, против которого внешние обстоятельства моей жизни были бессильны. Я думал об этом с постоянным беспокойством, так как я знал, что в данном случае я больше рискую своей свободой, чем когда бы то ни было, и чтобы в этом убедиться, было достаточно посмотреть в ее глаза, увидеть ее улыбку и почувствовать ту своеобразную и чем-то враждебную ее притягательность, которую я ощутил в первый же вечер моего знакомства с ней. Я не знал, конечно, какие чувства испытала она по отношению ко мне в эту февральскую ночь. Но хотя я видел ее, в сущности, только час, не больше — когда после матча мы были в кафе, — мне казалось, что ее улыбка и последняя интонация ее голоса не были случайны и что все это должно было повлечь за собой много других вещей, может быть, замечательных, может быть, печальных, может быть, печальных и замечательных одновременно. Но было, конечно, возможно, что я ошибался и что мои тогдашние ощущения были так же неверны и случайны, как смутные и расплывающиеся очертания домов, улиц и людей сквозь эту влажную и туманную завесу дождя.

Я вспомнил, что тогда, при прощанье, она не спросила моего имени. Она ждала либо моего визита, либо моего телефонного звонка с той спокойной и почти безразличной уверенностью, которая мне казалась характерной для нее вообще.

Я позвонил ей в десять часов утра, ровно через восемь дней после матча.

— Алло, я слушаю, — сказал ее голос.

— Здравствуйте, — сказал я, называя себя, — я хотел узнать, как ваше здоровье.

— Ах, это вы? Благодарю вас, прекрасно. А вы не были больны?

— Нет, но за это время было много событий, которые меня лишали удовольствия слышать ваш голос.

— События личного характера?

— Нет, косвенные и довольно скучные, особенно в телефонном изложении.

— Вы могли бы их рассказать и не по телефону.

— Для этого мне нужно было бы иметь возможность вас увидеть.

— Я не скрываюсь, это легко устроить. Где вы сегодня обедаете?

— Не знаю, я об этом не думал.

— Приходите ко мне часов в семь — в половине восьмого.

— Я боюсь злоупотребить вашей любезностью.

— Если бы мы с вами были чуть—чуть лучше знакомы, то я бы вам ответила... Вы знаете, что я ответила бы?

— Это нетрудно угадать.

— Но так как мы еще недостаточно знакомы, то этой фразы я не произнесу.

— Ценю вашу любезность.

— Значит, я жду вас вечером?

— Я постараюсь быть точным.

В половине восьмого я входил в дом, в котором она жила; ее квартира была на втором этаже. Как только я позвонил, дверь отворилась — и я едва не отступил на шаг от удивления: передо мной стояла огромная мулатка, которая не произносила ни слова и молча смотрела на меня широко открытыми глазами. В первую секунду я подумал, не ошибся ли я этажом. Но когда я спросил, можно ли видеть мадам Армстронг, она ответила:

— Yes. Oui, monsieur[21].

Она повернулась и направилась ко второй двери, которая вела, по-видимому, в квартиру; она шла впереди меня, заполняя своим громадным телом всю ширину коридора. Потом она ввела меня в гостиную; на стенах висело несколько натюрмортов довольно случайного, как мне показалось, происхождения, на полу лежал синий ковер, мебель была синего бархата. Я рассматривал в течение нескольких секунд тарелку эллипсической формы, нарисованную желтой краской и на которой лежало два разрезанных и три неразрезанных апельсина, — и в это время вошла Елена Николаевна. Она была в коричневом бархатном платье, которое ей очень шло, точно так же, как ее прическа, подчеркивающая неподвижную прелесть ее лица, почти не накрашенного. Но глаза ее показались мне на этот раз гораздо живее, чем тогда, во время моей первой встречи с ней.

Я поздоровался и сказал, что мулатка, отворившая мне дверь, произвела на меня сильное впечатление. Елена Николаевна улыбнулась.

— Ее зовут Анни, — сказала она, — я называю ее little Anny[22], помните, был когда-то такой фильм.

— Да, little Anny ей очень подходит. Откуда она у вас?

---

[21] Да. Да, месье (англ., фр.).
[22] крошка Анни (англ.).

Она объяснила мне, что Анни поступила к ней на службу в Нью—Йорке и ездит с ней теперь повсюду и что так как Анни жила некоторое время в Канаде, то говорит по-французски; кроме того, она прекрасно готовит, и в этом у меня будет немедленная возможность убедиться. Анни действительно была прекрасной кухаркой, — я давно так не обедал.

Елена Николаевна расспрашивала меня о моих делах за эту неделю. Я рассказал ей о женщине, разрезанной на куски, об очередном банкротстве, об исчезновении молодого человека и, наконец, о газетном выступлении менеджера Дюбуа.

— Это и есть газетная работа?

— Приблизительно.

— И это всегда так?

— Чаще всего.

— И вы считаете, что это вам подходит?

Я пил кофе, курил и думал о том, насколько этот разговор был далек от моих чувств и моих желаний. Я был безмолвно пьян от ее присутствия, и чем дольше это продолжалось, тем сильнее я ощущал, как от меня ускользает всякая власть над этим состоянием, которого не могли победить никакие усилия. Я знал, что веду себя совершенно прилично, что у меня ясные глаза и что я остаюсь нормальным собеседником, — но я знал так же хорошо, что эта видимость не могла ввести в заблуждение Елену Николаевну, и она в свою очередь понимала, что я это знал. Естественнее всего было бы, если бы я сказал ей: моя дорогая, вы не ошибаетесь, считая, что этот разговор не имеет никакого отношения ни к тем чувствам, которые в данную минуту испытываю я, ни к тем, которые, вероятно, испытываете вы. И вы знаете так же хорошо, какие слова я должен был бы произнести сейчас. Но вместо этого я сказал:

— Нет, конечно, я предпочел бы заниматься литературой, но, к сожалению, это не получается.

— Вы бы предпочли писать лирические рассказы?

— Почему непременно лирические рассказы?

— Мне кажется, что это должен был бы быть ваш жанр.

— И это говорите мне вы после того, как мы познакомились с вами во время матча, и после того, как вы — я надеюсь — оценили хотя бы мои предсказания о его исходе?

Она опять улыбнулась.

— Может быть, я ошибаюсь. Но все почему-то кажется, что я знаю вас уже очень давно, хотя вижу вас второй раз в жизни.

Это было ее первое признание и первый шаг, который она сделала.

61

— Говорят, это очень тревожный признак.

— Я не боюсь, — сказала она со своей необъяснимо жадной улыбкой. Я видел ее улыбающийся рот, ее ровные крепкие зубы и тускло—красный цвет ее немного накрашенных губ. Я закрыл глаза, я ощущал бурную чувственную муть. Но я сделал над собой необыкновенное усилие и остался сидеть в своем кресле с внешне спокойным — как я предполагал — видом, хотя каждый мускул моего тела был напряжен до боли.

— Вы закрываете глаза, — сказал ее далекий голос, — не хочется ли вам спать после обеда?

— Нет, я просто вспоминал одну фразу.

— Какую?

— Это сказал царь Соломон.

— Далеко мы с вами заехали.

Это «мы с вами» было ее второе движение.

— Что же это за фраза?

— Она отличается некоторой метафорической роскошью, — сказал я, — которая теперь, на наш слух, кажется несколько спорной, в смысле стилистическом, конечно. Но я надеюсь, вы примите во внимание тот факт, что это было написано очень давно.

— Боже, как вы многословны! Какая фраза?

— Царь Соломон сказал, что не понимает трех вещей.

— Каких?

— Путь змеи на скале.

— Это хорошо.

— Путь орла в небе.

— Тоже хорошо.

— И путь женского сердца к сердцу мужскому.

— Этого, кажется, никто не понимает, — сказала она с неожиданно задумчивой интонацией в голосе. — А вы находите, что это неудачно сказано? Почему?

— Нет, это, может быть, плохой перевод. Во всяком случае, последняя часть фразы звучит нехорошо. «Путь женского сердца к сердцу мужскому» — в этом есть что-то от учебника грамматики.

— Я не иду так далеко в стилистическом анализе. А вы любитель царя Соломона?

— С некоторыми оговорками. Многое из того, что он написал, мне кажется недостаточно убедительным.

Был зимний и сумрачный вечер, в квартире было очень тепло. Елена Николаевна сидела в кресле, против меня, положив ногу на ногу, мне были видны ее колени, и всякий раз, когда я смотрел на них, мне становилось душно и тяжело. Я чувствовал, что все это — с моей стороны — начинает становиться неприличным. Я постарался вызвать в своем воображении те представления, к помощи которых я всегда прибегал, — как другие прибегают к мнемоническим приемам. Когда мной овладевало с такой бурной силой какое-нибудь чувство, которое я почему—либо считал неуместным или — как теперь — преждевременным, я представлял себе огромное снежное поле или волнистую поверхность моря, это почти всегда мне помогало. На этот раз я постарался увидеть перед собой, там, где была Елена Николаевна, снежную равнину, но сквозь ее воображаемую белизну все резче и сильнее проступало это неподвижное лицо с красными губами.

Я, наконец, поднялся, поблагодарил ее за гостеприимство и собрался уходить. Но когда она протянула мне свою теплую руку и я ощутил ее прикосновение к моим пальцам, я так же мгновенно забыл о намерении уйти, как тогда, ночью, прощаясь с ней, я забыл о том, что решил не спрашивать, где она живет, и не искать с ней встреч. Я притянул ее к себе — она поморщилась от боли, которую я ей невольно причинил, слишком сильно сжав ей руку, — когда я обнял ее, я почувствовал всю поверхность ее тела. Только позже, вспоминая об этом, я понял, что это ощущение в ту секунду не могло не быть воображаемым: на ней было очень плотное бархатное платье.

Я знал, что всякая женщина на ее месте должна была мне сказать одну и ту же фразу:

— Вы с ума сошли.

Но она ее не сказала. Мне казалось, что я приближаюсь к ее лицу точно сквозь смертельный сон. Она не делала ни одного движения и не сопротивлялась, но в последнюю секунду она повернула голову налево, подставив мне шею. Ее платье было застегнуто длинным рядом бархатных пуговиц на спине, очень тугих и нескользких. Когда я расстегнул две верхние пуговицы, она сказала все тем же спокойным, хотя, как мне показалось, несколько помутневшим голосом:

— Здесь нельзя, подождите. Пустите меня на минуту.

Я выпустил ее, она пошла в другую комнату, и я последовал за ней. Мы сделали всего несколько шагов, но в эти секунды я успел подумать о том, с какой неожиданной и, в сущности, неестественной быстротой все это произошло. От вечера моей первой встречи с ней меня отделяло только восемь дней, — но это было длительное и огромное расстояние. Я знал, что обычно мои чувства, несмотря на ту их примитивную силу, которая была главным моим недостатком, развивались всегда с тяжелой медлительностью; но на этот раз все восемь дней я находился во власти их движения и все-таки до последней минуты не мог себе представить, насколько глубоко и безвозвратно это захватило меня. Я думаю, что в силу необъяснимого, как всегда, чувственного совпадения Елена Николаевна испытывала приблизительно то же, что я; ее ощущения были похожи на мои — так, как вогнутое стекло похоже на выгнутое, одинаковым изгибом, результатом одного и того же двойного движения. В этом была та же непонятная стремительность, казавшаяся для нее еще менее характерной, чем для меня. Эти мысли были смутными и неверными, как все, что я тогда чувствовал, я только позже вспомнил о них, и они приобрели в моем представлении ту приблизительно отчетливую форму, которой они не могли иметь в течение этих коротких секунд. Они, кроме того, казались мне тогда совершенно неважными.

Она пропустила меня вперед, потом затворила дверь и повернула ключ в замке. Мы были в небольшой комнате, которой я тогда не рассмотрел; я заметил только широкий диван, над которым горело бра с маленьким синим абажуром, столик, на столике пепельницу и телефон. Она села на диван, я остановился перед ней на секунду, и она успела сказать:

— Ну, теперь...

Сквозь бурную чувственную муть я увидел, наконец, ее тело с напряженными мускулами под блестящей кожей ее рук. Она легла на спину, заложив руки за голову, без малейшего проявления стыдливости, и смотрела в мое лицо непостижимо спокойными глазами, — это казалось мне почти невероятным. Даже потом, когда я испытал — и это было первый раз в моей жизни — необъяснимое соединение чисто душевного чувства с физическим ощущением, заливающим все мое сознание и все, решительно все, даже самые далекие мускулы моего тела, и когда она сказала с совершенно не подходившей, казалось бы, здесь медлительной интонаций: ты мне делаешь больно, — в которой не было ни жалобы, ни протеста, и еще через некоторое время, когда она вздрагивала спазматической дрожью, ее глаза были все так же, почти мертвенно, спокойны. Только в самую последнюю секунду они вдруг показались мне далекими, как некоторые звуки ее голоса.

Ее нельзя было назвать — по крайней мере, по отношению ко мне — замечательной любовницей, у нее были медлительные физические реакции, и последние секунды объятий нередко заставляли ее испытывать какую-то внутреннюю боль, — и тогда глаза ее закрывались и лицо делало невольную гримасу. Но ее отличие от других женщин заключалось в том, что она вызывала крайнее и изнурительное напряжение всех сил, и душевных, и физических, — и в смутном ощущении того, что близость с ней требует какого-то безвозвратно—разрушительного усилия, в безошибочности этого предчувствия состояла, я думаю, ее непреодолимая притягательность. И после первого ощущения ее физической близости я знал уже с совершенной невозможностью ошибиться, что этого я не забуду никогда и что, может быть, это будет последним, о чем я вспомню, умирая. Я знал это заранее и знал, что, как бы ни сложилась моя жизнь, ничто не спасет меня от непоправимо тягостного сожаления об этом, потому что все равно это исчезнет, поглощенное смертью ли, временем ли или расстоянием, и внутренне ослепительная сила этого воспоминания займет в моем существовании слишком большое душевное пространство и не оставит места для других вещей, которые еще, может быть, были мне суждены.

Была уже глубокая ночь, Елена Николаевна не могла скрыть своей усталости. Я чувствовал себя как в лихорадке, глаза мои были воспалены, и мне казалось, что я испытываю ощущение какого-то незримого ожога. Я ушел в четвертом часу утра; была холодная и звездная ночь. Мне хотелось пройтись, я шагал по пустынным улицам, — и тогда, тоже впервые за всю мою жизнь, я почувствовал состояние необыкновенно прозрачного счастья, и даже мысль о том, что это может быть обманчиво, не мешала мне. Я запомнил дома, мимо которых я проходил, и вкус зимнего холодного воздуха, и легкий ветер из—за поворота, — все это были вещи, которые сопровождали мое чувство. Я испытывал именно ощущение прозрачного счастья, казавшееся особенно неожиданным после того, как я несколько часов видел перед собой эти спокойные глаза, в выражении которых для меня было нечто унизительное, потому что мне не удалось изменить его.

И когда я проснулся на следующий день, то, что меня окружало и к чему я так привык, весь мир людей и вещей, в котором обычно проходила моя жизнь, — все показалось мне изменившимся и иным, как лес после дождя.

Я расстался с ней почти на рассвете, — и на следующий день в час пополудни я снова подходил к подъезду ее дома. Я не мог бы объяснить, что именно изменилось за эту ночь, но мне было ясно, что я никогда не видел такими ни rue Octave Feuillet, ни avenue Henri Martin, ни дом, в котором она жила. Это все — каменные стены, деревья без листьев, ставни домов и ступени лестниц, — все, что я знал так хорошо и так давно, все это

65

теперь приобрело новый, до сих пор не существовавший смысл, так, точно служило декорацией к единственной и, конечно, самой лучшей пьесе, которую могло создать человеческое воображение. Это могло быть похоже на декорацию. Это могло быть похоже еще на нечто вроде зрительной увертюры к начинающейся — и тоже, конечно, самой лучшей — мелодии, которую из миллионов людей слышал я один и которая была готова возникнуть в ту минуту, когда передо мной отворится дверь на втором этаже, такая же, как тысячи других дверей, и все-таки единственная в мире. Мне казалось тогда, — и весь мой опыт, и все, что я знал, видел и понял, и все истории измен, несчастий, драм, и трагическая неверность всего существующего были бессильны что—либо нарушить в этом, — мне казалось тогда, что произошло то, чего я так тщетно ждал всю мою жизнь и чего не мог бы понять ни один человек, кроме меня, потому что никто не прожил именно так, как я, и никто не знал именно того соединения вещей, которое было характерно для моего существования. Мне казалось, что если бы в истории моей жизни не хватало какой-нибудь одной подробности, то мое ощущение счастья и мое понимание его не могли бы быть такими полными. Мне все казалось одновременно и совершенно несомненным, и столь же невероятным. Когда я шел по avenue Victor Hugo, мне вдруг показалось, что всего этого не может быть, и я ощутил нечто вроде душевного головокружения — как будто это страница из детской книжки о чудесных исчезновениях.

Анни сказала мне, что Madame сейчас выйдет, и провела меня в столовую. Небольшой стол был уже накрыт, на нем стояло два прибора и бокалы для вина — и в одном из них, точно наполняя его невидимой и прозрачной жидкостью, играла световая тоненькая струйка; я вспомнил тогда, что была солнечная зимняя погода. Я сидел в кресле и курил папиросу. Я заметил, что курю папиросу, только в ту минуту, когда упавший пепел обжег мою руку и попал мне в рукав.

Елена Николаевна вошла в комнату за несколько секунд до того, как Анни стала подавать завтрак. Перед этим она только что приняла ванну и не дала себе труда одеться. Она была в купальном халате, волосы ее были зачесаны назад, и это придавало ее лицу особенную четкость очертаний и одновременно с этим выражение душевной и физической уютности, неожиданное и приятное. Она спросила меня с иронической нежностью в голосе, хорошо ли я спал и есть ли у меня аппетит. Я ответил утвердительно, не сводя с нее глаз. Она тоже изменилась, как все, что я видел вокруг себя, с ее

66

лица исчезло то выражение отчужденности, которое я знал до сих пор. Когда она наклонилась над столом, я увидел крупную родинку под ее правой ключицей, — и по мне сразу прошла теплая волна благодарности и нежности к ней, и тогда я поймал ее остановившийся взгляд.

— О чем ты думаешь? — спросил я.

— О том, что мы с тобой так недавно знакомы и что вот, мне кажется, я никогда не знала никого, кто был бы мне ближе, чем ты.

Потом она прибавила:

— Я не всегда буду говорить тебе такие вещи, так что лучше не привыкай.

Она налила в бокалы вино — какое-то особенное, душистое и крепкое, и, как ни плохо я разбирался в винах, даже я не мог не заметить, что оно, вероятно, очень хорошее, — и сказала:

— За что мы с тобой выпьем?

— За то, чтобы мы не привыкли, — сказал я.

Она покачала головой, и мы молча выпили. И несмотря на то, что это был, в сущности, обыкновенный завтрак с женщиной, которую я встретил неделю тому назад и которая вчера стала моей любовницей, и точно так же, как она не была первой или единственной в моей жизни, так я не был ее первым или единственным любовником; несмотря на то, что внешне во всем этом не было, казалось бы, ничего исключительного или необыкновенного, это звучало почти торжественно, как слова, которые произносят, может быть, один раз в жизни, отправляясь на войну или уезжая навсегда.

После завтрака мы сидели с ней очень долго за кофе. В солнечном свете, проникавшем через окно, вились и исчезали струи папиросного дыма. Она так и осталась в купальном халате, и когда я ей заметил это, она ответила с улыбкой:

— Я никого не жду, мне не для кого одеваться. Что касается тебя, то мне кажется, что ты предпочитаешь меня даже без купального халата, и все вообще так нетрудно предвидеть. Нет, подожди, — сказала она, видя, что я сделал движение, чтобы подняться с кресла. — Подожди, я здесь, я никуда не уйду, и у меня нет желания уходить от тебя. Но я хотела поговорить с тобой. Расскажи мне, как ты жил до сих пор, кого ты любил и как ты был счастлив.

— Я не знаю, с чего начать, — сказал я. — Это сложно, долго и противоречиво. Каждое утро, когда я просыпаюсь, я думаю, что именно сегодня по-настоящему начинается жизнь, мне кажется, что мне немногим больше шестнадцати лет и что тот человек, который знает столько трагических и печальных

67

вещей, тот, который вчера ночью засыпал на моей кровати, мне чужд и далек, и я не понимаю ни его душевной усталости, ни его огорчений. И каждую ночь, засыпая, я чувствую себя так, точно я прожил очень долгую жизнь и все, что я из нее вынес, это отвращение и груз долгих лет. И вот идет день, и по мере того, как он подходит к концу, эта отрава душевной усталости все глубже и глубже проникает в меня. Но это, конечно, не рассказ о моей жизни. Это я говорю тебе о том, как я себя чувствовал обычно вплоть до того вечера, когда у тебя не оказалось — к счастью — билета на матч.

— Ты сравнительно молод и совершенно, по-моему, здоров, — сказала она. — И что бы ты мне ни говорил, я плохо верю в твою душевную усталость. Если бы ты сам мог видеть себя в некоторые минуты, ты бы понял, почему твои слова об усталости звучат так неубедительно.

— Я никогда не говорил, что я могу ощущать душевную усталость по отношению к тебе. И когда я вижу тебя...

— То это так, как если бы это было утро?

— То это так, как если бы это было утро.

— Но мы уклоняемся от главного, — сказала она. — Где ты родился, где ты рос, куда и почему ты уехал и как твоя фамилия? — потому что до сих пор я знаю только твое имя. Где ты учился и учился ли ты вообще?

— Да, — сказал я. — Вероятно, напрасно, но учился я долго и довольно разным вещам.

И я стал рассказывать ей о себе. Мне казалось, что никогда до этого дня моя собственная судьба не была мне так ясна, как теперь. Я нашел в своих воспоминаниях много такого, чего я раньше не замечал, какие-то почти лирические вещи, — и я только смутно чувствовал, не переставая говорить, что, если бы не было Елены Николаевны, я бы, наверное, не сумел обрести их внезапно возникшую силу и свежесть, которой, быть может, даже вообще не существовало вне мысли о ней и вне присутствия рядом со мной этой женщины в купальном халате, с гладко причесанными волосами и далеким взглядом задумчивых глаз.

— Ты меня извинишь, если в моем рассказе не будет строгой хронологической последовательности? — сказал я.

Она кивнула головой. Я говорил ей в тот день о многом: о войне, о России, о путешествиях, о своем детстве. Передо мной возникали самые разные люди, которых я знал: учителя, офицеры, солдаты, чиновники, товарищи, — и целые страны проходили перед моими глазами. Я вспоминал субтропические пейзажи, ровные квадраты коричневой земли, белые узкие дороги и далеко слышный в жарком и неподвижном воздухе скрип бедной деревянной телеги; печальные глаза маленькой и худой, как скелет, коровы, запряженной рядом с ослом в соху, которой греческий крестьянин в темно—сером суконном бурнусе и белой войлочной шляпе пахал жесткую землю; и то, что в Турции расстояние измеряют временем — до такого-то места не столько-то километров, а столько-то часов ходьбы; ледяные ветры средней России и упругий хруст снега под ногами, потом моря, и реки, и диких уток над Дунаем, потом пароходы и поезда — все, через что шло необъяснимое движение моей жизни. Затем я опять вернулся к войне и к этим тысячам трупов, которые я видел, — и вдруг вспомнил речь моего учителя русского языка, которую он сказал на выпускном акте:

— Вы начинаете жить, и вам придется участвовать в том, что называется борьбой за существование. Грубо говоря, есть три ее вида: борьба на поражение, борьба на уничтожение и борьба на соглашение. Вы молоды и полны сил, и вас, конечно, притягивает именно первый вид. Но помните всегда, что самый гуманный и самый выгодный вид — это борьба на соглашение. И если вы из этого сделаете принцип всей вашей жизни, то это будет значить, что та культура, которую мы старались вам передать, не прошла бесследно, что вы стали настоящими гражданами мира и что мы, стало быть, тоже недаром прожили на свете. Потому что, если бы это оказалось иначе, это значило бы, что мы только потеряли время. Мы старые, у нас нет больше сил создавать новую жизнь, у нас остается одна надежда — это вы.

— Я думаю, что он был прав, — сказал я. — Но, к сожалению, мы не всегда имели возможность выбирать тот вид борьбы, который мы считали наилучшим.

— Ты сохранил хорошие воспоминания о твоих учителях?

Мы сидели с ней на диване, я обнимал ее правой рукой, и сквозь мохнатый халат я чувствовал теплоту ее тела.

— Нет, далеко не обо всех, — сказал я и улыбнулся, потому что подумал об одном из священников, который преподавал нам Закон Божий уже в старших классах; это был высокий рассеянный человек в лиловой шелковой рясе. Он говорил скучающим голосом:

— Существует много доказательств бытия Божия. Есть доказательство юридическое, есть доказательство логическое, есть доказательство философское.

Потом он задумался на минуту и прибавил:

69

— Есть даже доказательство математическое, но я его забыл.

— Где ты поступил в университет? В Париже?

— Да, и это было не так просто.

И я рассказал ей, что мне нужно было получить у бывшего русского консула бумагу, которую мог мне выдать только он и которая заменяла метрику. Это был маленький сердитый старичок с огромной седой бородой, который мне сказал:

— Ничего я вам не дам. Откуда я знаю, кто вы такой? Может быть, вы профессиональный преступник, может быть, убийца, может быть, бандит. Я вас вижу первый раз в жизни. Кто вас знает в Париже?

— Никто, — сказал я. — Здесь у меня есть несколько товарищей, с которыми я учился, но они все такие же, как я, никто из них вам лично не известен, и ничто вам не мешает предположить, что каждый из них тоже профессиональный преступник и убийца и еще к тому же мой сообщник.

— Зачем вам эта бумага?

— Я хотел бы поступить в университет.

— Вы? В университет?

— Да, если вы все-таки дадите мне эту бумагу.

— Для этого, батюшка, надо иметь среднее образование.

— У меня есть аттестат зрелости.

— И по-французски знать надо.

— Я знаю.

— Где же вы могли научиться?

— Дома, в России.

— Бог вас знает, — сказал он с сомнением, — может быть, вы и не бандит, я ведь этого не утверждаю категорически, у меня нет для этого фактических данных. Покажите—ка мне ваш аттестат.

Он просмотрел его, потом вдруг спросил:

— Почему средние отметки по алгебре и тригонометрии? а?

— У меня нет склонности к так называемым точным наукам.

— Ну хорошо, дам я вам бумагу. Но смотрите, на вашу ответственность.

— Хорошо, — сказал я, — если меня арестуют и посадят в тюрьму, обещаю на вас не ссылаться.

Я смеялся, вспоминая этого старичка, и она смеялась вместе со мной, и всей кожей моей руки я чувствовал, как вздрагивало ее тело. Потом она встала, посмотрела на меня, как мне показалось, с упреком, задернула шторы, и комната стала темно—серой И в наступившей тишине до меня только доходила музыка из верхней квартиры, где кто-то играл на рояле, очень отчетливо и медленно, и было впечатление, что в жидкое стекло падают, одна за другой, огромные звуковые капли.

* * *

Я не мог не заметить, что главным отличительным признаком моего отношения к ней было то, что не существовало, казалось, ни одной минуты, в течение которой я не испытывал бы постоянного обостренного чувства. Если это не было желание ее близости, то это была нежность, если это не была нежность, то это была целая последовательность других чувств или душевных состояний, для определения которых я не знал ни слов, ни возможности найти эти слова. Во всяком случае, ее существованию я был обязан возникновением мира, которого не знал до сих пор. Я не представлял себе, что значит физическая близость женщины, — мне было странно подумать, что я мог бы сравнить это с моими прежними романами. Я знал, что каждая любовь, в сущности, неповторима, но это было очень схематическое и приблизительное утверждение; при сколько-нибудь внимательном отношении к этому сходство всегда можно было найти, неповторимость заключалась в некоторых случайных оттенках некоторых случайных интонаций. Теперь это было другое, не похожее на предыдущее, и во всем своем душевном опыте я не находил ничего, что напоминало бы мне мое теперешнее состояние. Мне казалось, что после разрушительного усилия этой любви у меня не осталось бы сил ни на какое другое чувство и я ничто, наверное, не мог бы сравнить с этим нестерпимым воспоминанием. Где бы я ни был и что бы я ни делал, мне было достаточно задуматься на несколько секунд, чтобы передо мной появилось ее лицо с далекими глазами, ее улыбка, в которой было такое наивное бесстыдство, как если бы она стояла совершенно голая. И вместе с тем, несмотря на всю силу моего физического тяготения к ней, это было не похоже на самую бурную страсть, потому что в этом, как мне казалось, всегда проходила струя ледяной чистоты и какой-то удивительной и нехарактерной для меня бескорыстности. Я не знал, что был способен к таким чувствам; но я полагаю, что они были возможны только по отношению к ней — и в этом заключалась для меня ее настоящая неповторимость и замечательность.

Как всегда в моей жизни, всякий раз, когда передо мной

возникало нечто новое, я не мог сказать, что именно вызвало его из небытия. Думая о том, что, собственно, в Елене Николаевне создавало ее непреодолимую для меня притягательность, я не находил ответа. Я знал женщин, которые были красивее ее, я слышал голоса более мелодичные, чем ее голос; неподвижное ее лицо и унизительно—спокойные глаза могли бы, казалось, произвести на меня скорее тягостное впечатление. Она была почти лишена той душевной теплоты, которую я так ценил, в ней почти не было нежности, или, вернее, она проявлялась чрезвычайно редко и всегда как будто нехотя. В ней не было никакой «очаровательности», это понятие совершенно не подходило к ней. И все-таки именно она была неповторима и замечательна в моем представлении, и этого ничто не могло изменить.

Ее нельзя было назвать скрытной; но длительное знакомство или тесная душевная близость были необходимы, чтобы узнать, как до сих пор проходила ее жизнь, что она любит, чего она не любит, что ее интересует, что ей кажется ценным в людях, с которыми она сталкивается. Мне очень долго не приходилось слышать от нее каких бы то ни было высказываний, которые бы ее лично характеризовали, хотя я говорил с ней на самые разные темы; она обычно молча слушала или отвечала односложно. За много недель я узнал о ней чуть больше, чем в первые дни. Вместе с тем, у нее не было никаких причин скрывать от меня что бы то ни было, это было просто следствие ее природной сдержанности, которая не могла не казаться мне странной. Когда я ее спрашивал о чем—нибудь, она не хотела отвечать, и я этому неизменно удивлялся, она замечала:

— Не все ли тебе равно?

Или:

— Какой это может иметь интерес?

А меня интересовало все, что ее касалось, и мне хотелось знать, что было с ней до нашей встречи.

Для нее была характерна своеобразная душевная медлительность, не соответствовавшая быстроте и точности ее движений вообще, ее стремительной походке, мгновенности и безошибочности ее физических рефлексов. Только в том, что представляло из себя неопределимое соединение душевного и физического, например в любви, только в этом нарушалась обычно безупречная гармония ее тела, и в этом случайном несовпадении для нее всегда было нечто почти мучительное. То впечатление странной дисгармонии, почти анатомической, которую я заметил в ней в вечер нашей первой встречи, именно сочетание высокого и очень чисто очерченного лба с этой жадной улыбкой, — не было случайным. В ней был несомненный разлад между тем, как существовало ее тело, и тем, как, вслед за этим упругим существованием, медленно и отставая, шла ее душевная жизнь. Если бы это можно было разделить — и забыть об этом, она была бы совершенно счастлива. Любовь к ней требовала постоянного творческого усилия. Она никогда не делала ничего, чтобы произвести то или иное впечатление; она никогда не думала, как подействуют слова, которые она говорит. Она существовала сама по себе, ее чувства к другим были продиктованы или физическим тяготением, столь же несомненным, как желание спать или есть, или каким-то душевным движением, похожим на душевные движения большинства людей, с той разницей, что ни в каком случае она не поступала иначе, чем ей хотелось. Желания других играли для нее роль только тогда или только до тех пор, пока совпадали с ее собственными желаниями. Меня поразила чуть ли не с первых же дней ее душевная небрежность, ее безразличие к тому, что о ней подумает ее собеседник. Но она любила, холодной и упорной любовью, опасные и сильные ощущения.

Такова была ее природа — и изменить это, я думаю, было чрезвычайно трудно. И все—таки, по мере того как проходило время, я начал замечать в ней некоторые проявления человеческой теплоты, она как будто понемногу оттаивала. Я подолгу расспрашивал ее обо всем, она отвечала мне сравнительно редко и сравнительно немногословно. Она рассказала мне, что выросла в Сибири, в глухой провинции, где проживала до пятнадцати лет. Первый город, который она увидела, был Мурманск. У нее не было ни братьев, ни сестер, ее родители погибли в море: во время путешествия из России в Швецию их пароход взорвался на плавучей мине. Ей было тогда семнадцать лет, она жила в Мурманске. Вскоре после этого она вышла замуж за американского инженера, того самого, о скоропостижной смерти которого она получила телеграмму в Лондоне, год тому назад. Она объяснила мне, что он понравился ей тогда потому, что у него была седая прядь волос, и еще оттого, что он был хорошим лыжником и конькобежцем и очень интересно рассказывал об Америке. Вместе с ним она уехала из России; это было приблизительно в то время, когда на другом конце этой огромной страны, в томительном безумии гражданской войны, я блуждал по

73

раскаленным южным степям с выжженной травой, под высоко стоявшим солнцем. Она рассказывала о кругосветном плаванье, о том, как трансатлантический пароход, на котором она ехала, проходил ночью Босфор, потом Мраморное и Эгейское моря, как было жарко и как она танцевала фокстрот. Я вспомнил эти ночи и их особенный темный зной и то, как я сидел часами на высоком берегу Дарданелльского пролива и смотрел из душной тьмы на эти огни огромных пароходов, проходивших так близко от меня, что я слышал музыку их оркестров и следил за медленно удалявшимися рядами освещенных иллюминаторов, которые, по мере того как пароход уходил, сливались в одно сначала сверкающее, потом тускнеющее и, наконец, туманное световое пятно. Я думаю, что, может быть, я видел и ее пароход и следил за ним с тем же жадным и слепым напряжением, в котором я находился тогда, все эти первые годы моего пребывания за границей.

Она прожила много лет интересной жизни, полной неожиданных событий, путешествий, встреч, нескольких «неизбежных», как она сказала, романов. Она была в Австрии, Швейцарии, Италии, Франции и Америке, в каждой из этих стран она провела довольно много времени. В Англию она приехала впервые два с половиной года тому назад.

— После этого все было просто, — сказала она.

— Просто — это значит — Париж, rue Octave Feuillet, матч Джонсон — Дюбуа и так далее? Между прочим, на что ты рассчитывала, не имея входного билета? На барышников?

— На барышников — или на случайность. Как видишь, я не ошиблась.

— Результаты матча превзошли твои ожидания?

— В некоторых отношениях — да.

Чем больше я ее узнавал, тем больше я привыкал к неестественному разделению между душевной и физической жизнью, которое было для нее так характерно. Вероятно, это разделение существовало в ней всегда, но теперь в нем было нечто почти болезненное, и мне неоднократно приходила в голову мысль, что данному периоду ее существования должно было предшествовать какое-то потрясение, о котором я ничего не знал и о котором она, в свою очередь, избегала упоминать. Жизнь с ней заключала в себе два резко различных романа: чувственное сближение, в котором все было вообще естественно, и душевная близость, бесконечно более трудная, более медленная и которой могло совсем не быть. Первоначальное суждение о том, что происходит, — у всякого человека, который стал бы ее любовником, — неизбежно должно было быть ошибочным; эти ошибки были бы тем более несомненны, что они были бы совершенно естественны. Я неоднократно представлял себе их последовательность. Первая состояла бы в представлении, что то или иное развитие событий зависит от этого человека. На самом деле выбор всегда исходил от нее, и не только выбор, но даже то трудноуловимое первое движение, которое определяет начало романа и в котором нередко заключено все, что произойдет в дальнейшем. Но эта ее особенность, конечно, не являлась чем-то исключительным: в очень многих случаях, как я это всегда знал, и завязка, и развязка романа зависели именно от женщины. Вторая ошибка состояла бы в том, что это можно было бы считать чем-то окончательным. В действительности это не значило ничего или почти ничего и могло прекратиться в любую минуту, без всякого объяснения и без какой бы то ни было возможности возобновления. И третья, самая главная, — это что только через много времени и только в случае редкого и счастливого совпадения начинался, наконец, настоящий роман, который, — если бы судить по внешним признакам, — давно уже был свершившимся фактом. Я долго искал сравнения, которое могло бы это характеризовать, и все не находил: это, пожалуй, могло бы быть похоже на прикосновение к холодным губам, которые медленно согреваются и лишь потом приобретают свою утерянную горячую прелесть — или не приобретают ее вообще и оставляют воспоминание ледяной неудовлетворенности и напрасного сожаления о том, что могло бы быть и чего не было. Но самым неизменным в отношении к ней было то бессознательное и неизбежное напряжение всех душевных сил, вне которого близость с ней могла быть только случайной и эпизодической. Это вовсе не зависело от ее чрезмерной требовательности, но получалось само собой и даже, казалось бы, помимо ее желания. Во всяком случае, это было так и, по-видимому, не могло быть иначе. И из немногих ее признаний нетрудно было вывести заключение, что так думали, вероятно, все, кто ее близко знал, с большей или меньшей степенью правильности.

Вспоминая много позже мою встречу с ней и то, как все началось, мне было легче это восстанавливать, закрывая глаза и сознательно и условно исключая из этого содержание нашего первого разговора в кафе, расставание под дождем и вообще вещи, сущность которых укладывалась бы в связный рассказ.

Явственнее, чем когда—либо в моей жизни, я чувствовал, что все это сводилось к слепому и темному движению, к последовательности зрительных и слуховых впечатлений, одновременно с которыми неудержимо развивалось бессознательное мускульное тяготение. Торс Джонсона, рухнувший Дюбуа, прикосновение моих пальцев к ее руке, когда я помогал ей войти в автомобиль, вообще эта немая мелодия кожи и мышц, этот встречный толчок ее тела, в котором она, быть может, даже не успела отдать себе отчет, — именно это было главным и именно это предопределило дальнейшее. Что она знала обо мне в тот туманный февральский вечер, почему после этого она ждала моего телефонного звонка неделю? Когда она в первый раз улыбнулась мне этой своей жадной улыбкой, такой неожиданной, я знал уже, что она будет мне принадлежать, а она это знала раньше, чем я. И, конечно, этому предшествовало крушение всего того мира отвлеченных вещей, который пренебрегал примитивными и чисто физическими понятиями и где своеобразная философия жизни, построенная на предварительном отказе от преобладающего значения материалистических моментов, была несравненно важнее, чем любые чувственные реакции, — этого мира, который в тот вечер мгновенно растворился в этом безмолвном мускульном движении. Когда я сказал как-то об этом Елене Николаевне, она ответила с улыбкой:

— Может быть, потому, что без философии мы бы все-таки прожили, а если бы не было другого, о котором ты говоришь, то человечеству угрожало бы исчезновение, в той или иной форме.

Я нередко чувствовал себя несвободным в ее присутствии, особенно первое время. Я очень скоро убедился, что ее реакции на все происходящее были не такими, как у большинства других женщин. Для того чтобы ее рассмешить, например, нужны были не те вещи, которые смешили всех; для того чтобы вызвать в ней проявление какого-нибудь чувства, надо было сначала найти для этого особенный путь, не похожий на обычный. И на это сложное перестраивание того эмоционального мира, в котором проходила моя близость с ней, мне понадобилось много времени и много усилий. Но я жил теперь, наконец, настоящей жизнью, которая не состояла наполовину — как это всегда было до сих пор — из воспоминаний, сожалений, предчувствий и смутного ожидания.

Мы часто и подолгу гуляли с ней по Парижу; она знала его

поверхностно и плохо. Я показывал ей настоящий город, не тот, о котором писалось в иллюстрированных журналах и который был неизменным в представлении иностранцев, приезжающих сюда раз в год на две недели. Я показывал ей нищие рабочие кварталы, провинциальные, отдаленные от центра улицы, постройки на окраинах, некоторые набережные, Севастопольский бульвар в четыре часа утра. Я помню, с каким удивлением она смотрела на rue St. Louis en l'Île, — и действительно, было трудно себе представить, что в том же городе, где существуют avenues, отходящие от площади Étoile, может находиться этот узкий и темный проход между двумя рядами бесконечно старых домов, пропитанных вековой затхлостью, против которой была бессильна всякая цивилизация. Была уже поздняя весна — и тогда, после долгого холода зимы и всех ее печальных пейзажей, не уезжая никуда, мы увидели другой Париж: прозрачные ночи, далекое красное зарево над Монмартром и сплошные каштановые деревья на бульваре Араго, куда мы почему-то попадали несколько раз подряд. Я шел, держа ее за талию, и она мне сказала ленивым и спокойным голосом, без малейшего оттенка протеста:

— Ну, милый мой, ты ведешь себя, совершенно как апаш.

Иногда, перед возвращением домой, мы заходили в ночное кафе или бар, и она удивлялась тому, что, в каком бы районе это ни происходило, я знал в лицо всех гарсонов и всех женщин, сидевших на табуретах у стойки и ожидавших очередного клиента. Она пила только крепкие напитки, у нее была необыкновенная сопротивляемость опьянению, объяснявшаяся, я думаю, долгой тренировкой и пребыванием в англосаксонских странах. Только выпив довольно значительное количество алкоголя, она становилась не такой, какой бывала обычно, и ее непременно начинало тянуть туда, куда не нужно. — Поедем на Бастилию, в bal musette[23], я хочу посмотреть на gens du milieu[24]. Поедем на rue Blondel, в знаменитый публичный дом. — Это неинтересно, Леночка. — А где здесь собираются педерасты? Ты это должен знать, какой же ты журналист, если ты этого не знаешь? Поедем, я тебя прошу, я так люблю педерастов. — Вот мы поедем, и меня ранят ножом, что ты тогда будешь делать? — Не надо настраивать себя на такой напрасно—героический лад, никто тебя не ранит, это вообще плохая литература. — Иногда ей приходили в голову совершенно дикие мысли. Я помню, как

---

[23] танцзал, дансинг (фр.).
[24] городское дно (фр.).

77

она однажды расспрашивала меня, где ночью можно купить конфет. Не подозревая ее подлинных намерений, я сказал ей это. Мы были в такси, она велела шоферу ехать туда и вышла из магазина с руками, полными мешочков конфет.

— Что ты со всем этим будешь делать?

— Мой милый, — сказала она совершенно не свойственным ей нежным голосом, по которому я услышал, что она была совсем пьяна — до тех пор это не было внешне заметно. — Я тебя поцелую, я сделаю все, что ты захочешь, но ты должен исполнить мою маленькую просьбу.

— Кажется, дело плохо, — сказал я, думая вслух.

— Вот такую маленькую, — продолжала она, показывая ноготь своего мизинца. — Ты должен знать, я уверена, что ты знаешь, в каком районе Парижа есть девочки—проститутки от десяти до пятнадцати лет.

— Нет, я не имею об этом представления.

— Ты хочешь, чтобы я расспрашивала шофера? Ты будешь в глупом положении.

— Но зачем тебе эти девочки?

— Я хочу им раздать конфеты. Ты понимаешь, это будет им приятно.

Мне удалось отговорить ее от этого с большим трудом. Но иногда она настаивала так, что мне предоставлялся только выбор — либо удержать ее силой, либо уступить; и, таким образом, мы побывали почти всюду, где ей хотелось, и я заметил, что все эти места ее не очень, в сущности, интересовали. Она просто давала волю какому-то своему неожиданному желанию, но как только оно становилось легкоисполнимым, оно теряло для нее значительную часть соблазнительности. Она была готова на все ради сильных ощущений. Но сильных ощущений не было, были только в одном случае сутенеры в светло—серых кепках, относившиеся с почтительной боязнью к полицейским, дежурившим у входа в bal musette, в другом — голые полноватые женщины с вялыми телами и мертвенно—животной глупостью в глазах, в третьем — подведенные молодые люди с развинченной походкой и каким-то необъяснимым налетом душевного сифилиса на лице. И она говорила:

— Ты прав, это скучно.

Она любила очень быструю езду на автомобиле. Когда однажды она попросила меня взять напрокат машину без шофера, мы поехали за город и я доверчиво дал ей руль, она повела автомобиль с бешеной скоростью, и я не был уверен, что из этой прогулки мы вернемся домой, а не в госпиталь. Она прекрасно умела править, но все-таки на поворотах и перекрестках мне каждый раз хотелось закрыть глаза и забыть о том, что происходит. Наконец, после того как мы чудом, казалось, избежали третьей катастрофы, я ей сказал:

— У нас могло уже быть три столкновения.

Не уменьшая хода, она отняла левую руку, показала мне указательный палец и ответила:

— Одно.

— Почему?

— Потому что после первого столкновения мы бы дальше не поехали, у нас не было бы никаких других возможностей.

Но на обратном пути я категорически отказался пустить ее за руль, и, когда мы ехали, она мне сказала:

— Я тебя не понимаю, ты едешь так же быстро, как я, чего же ты боишься? Ты думаешь, что ты правишь лучше меня?

— Нет, — сказал я, — я в этом не уверен. Но я знаю дорогу, я знаю, какие перекрестки опасны, какие нет, а ты едешь вслепую.

Она посмотрела на меня со странным выражением глаз и сказала:

— Вслепую? Я думаю, что так интереснее. Вообще все.

В этот период времени мне удалось, наконец, избавиться от случайной и неинтересной работы, и я получил заказ на серию статей о литературе. Елена Николаевна пришла ко мне однажды днем, — это был ее первый визит, — без предупреждения — и я очень удивился, отворив дверь на неожиданный звонок и увидев ее.

— Здравствуй, — сказала она, осматривая комнату, в которой я работал, — я хотела застать тебя врасплох и, может быть, в чьих-нибудь объятиях.

Она стояла у полок с книгами, быстро вынимала том за томом и ставила их на место. Потом она вдруг посмотрела на меня остановившимися глазами с таким оттенком выражения, которого я в них никогда еще не видал.

— Что с тобой?

— Ничего, меня просто заинтересовала одна книга. Я все хотела ее прочесть и нигде не могла найти.

— Какая книга?

— «Золотой осел», — быстро сказала она. — Можно его взять почитать?

Меня удивило, что эта книга могла произвести на нее такое впечатление.

— Конечно, — сказал я, — но в ней нет ничего замечательного.

— Мне ее подарил мой муж во время свадебного путешествия, я начала ее читать и уронила в море. Потом я ее всюду спрашивала, но ее не было. Правда, то был английский перевод, а это русский. Что ты пишешь сейчас?

Я показал ей свою работу, она спросила, может ли она мне помочь.

— Да, конечно, но я боюсь, что тебе будет скучно рыться в книгах и выписывать цитаты.

— Нет, наоборот, это меня интересует.

Она так настаивала, что я согласился. Ее работа заключалась в переписывании и переводе подчеркнутых мной цитат, которые входили в статью как иллюстрация того или другого литературного положения, которое я развивал. Она это делала так быстро и с такой легкостью, точно занималась этим всю жизнь. Кроме того, она обнаружила познания, которых я в ней не подозревал: она была особенно сильна в английской литературе.

— Откуда это у тебя? — спросил я. — Все путешествия и романы, как ты говоришь, — когда же ты успела все это прочесть?

— Если тебе не помешали статьи о политических мерзавцах, или о людях, которые бьют друг друга по физиономии, или о разрезанных на куски женщинах, то почему мне могли помешать мои романы? Многие романы — это быстро: раз—два, и готово.

И она смотрела на меня насмешливыми глазами, подняв голову от книги, которую держала.

Она стала приходить ко мне почти каждый день. Когда я как-то обнял ее, она отстранила меня и сказала:

— Целоваться мы будем вечером, сейчас надо работать.

Она вносила в это такую серьезность, что мне невольно делалось смешно. Но я не мог не оценить ее помощи; моя работа шла вдвое скорее. Иногда она приходила утром и будила меня, потому что, в силу многолетней привычки, я ложился спать очень поздно и поздно вставал. Был конец мая, уже становилось жарко. Днем я работал с ней, вечером мы обедали вместе, потом чаще всего куда-нибудь шли, затем я провожал ее домой и почти всегда оставался у нее и присутствовал при ее вечернем туалете. Когда она выходила из ванной, с побелевшим лицом и побледневшими губами, с которых была снята краска, я снимал с нее халат, укладывал ее в кровать и спрашивал:

— Теперь тебе нужно колыбельную?

Когда потом, расставшись с ней глубокой ночью, я выходил

на улицу и отправлялся домой, моя жизнь начинала казаться мне неправдоподобной, я все не мог привыкнуть к тому, что, наконец, у меня нет никакой трагедии, что я занимаюсь работой, которая меня интересует, что есть женщина, которую я люблю так, как не любил никого, — и она не сумасшедшая, не истеричка, и я не должен каждую минуту ждать с ее стороны либо припадка неожиданной страсти, либо приступа непонятной злобы, либо неудержимых и бесполезных слез. Все, из чего до сих пор состояло мое существование, — сожаления, неудовлетворенность и какая-то явная напрасность всего, что я делал, — все это стало казаться мне чрезвычайно далеким и чужим, так, точно я думал о чем-то давно прошедшем. И в числе этих исчезающих вещей и слабеющих воспоминаний было воспоминание об Александре Вольфе и его рассказе «Приключение в степи». Его книга по-прежнему стояла на моей полке, но я очень давно не раскрывал ее.

* * *

Однажды, войдя в квартиру, — у меня был от нее собственный ключ, — я услышал, что Елена Николаевна поет. Я остановился. Она пела вполголоса какой-то испанский романс. Это был один из тех мотивов, которые могли возникнуть только на юге и возможность возникновения которых нельзя было себе представить вне солнечного света. Эта мелодия непостижимым образом заключала в себе свет, как другие могли бы заключать в себе снег, как некоторые, в которых чувствовалась ночь. Когда я вошел в комнату, она улыбнулась и сказала мне:

— Самое смешное — это что я никогда не подозревала, что знаю эту песенку. Я ее слышала года четыре тому назад на концерте, потом как-то раз в граммофоне, — и вот вдруг выяснилось, что я ее помню.

— И, может быть, действительно, — сказал я, отвечая, как мне казалось, на ее мысль, — все, в конце концов, не так печально и все положительные вещи не всегда и не непременно иллюзорны.

— Ты вообще теплый и мохнатый, — сказала она без всякой связи с началом разговора, — и когда ты не иронизируешь, то мысли у тебя тоже теплые и мохнатые. И тебе очень мешает способность думать, потому что без нее ты был бы, конечно, счастлив.

Меня больше всего интересовал прежний вопрос о том, что

81

было с ней до ее приезда в Париж. Что именно, какое чувство так надолго застыло в ее глазах, и откуда был этот душевный ее холод? Я знал, однако, по длительному опыту, что для меня очарование или притягательность женщины существовали только до тех пор, пока в ней оставалось нечто неизвестное, какое-то неведомое пространство, которое давало бы мне возможность — или иллюзию — все вновь и вновь создавать ее образ, представляя ее себе такой, какой я хотел бы ее видеть, и, наверное, не такой, какой она была в действительности. Это не доходило до того, что я бы предпочитал ложь или выдумку слишком простой истине, но особенно углубленное знание несло в себе несомненную опасность: к этому не хотелось возвращаться, как к прочитанной и понятой книге. И вместе с тем, желание знать всегда было неотделимо от чувства и никакие доводы не могли это изменить. Вне этой душевной и такой явной опасности жизнь мне показалась бы, наверное, слишком вялой. Я был убежден, что на известный период существования Елены Николаевны легла какая-то тень, и я хотел знать, чьи глаза нашли свое неподвижное отражение в ее глазах, чей холод так глубоко проник в ее тело — и, главное, как и почему это произошло.

Но как ни сильно было мое желание узнать это, я не торопился, я надеялся, что у меня для этого еще будет время. Я впервые почувствовал возможность душевного доверия со стороны Елены Николаевны, когда однажды, сидя рядом со мной на диване, она вдруг положила мне руки на плечо каким-то неуверенным и точно непривычным движением, и этот жест, совершенно для нее нехарактерный, был более показателен, чем любые слова. Я посмотрел на ее лицо; но ее глаза еще не поспевали за ее телом и сохраняли свое спокойное выражение. И я подумал, что она уже не такая, какой была некоторое время тому назад, — и, может быть, больше никогда не будет такой. Иногда, рассказывая мне некоторые незначительные вещи о том или ином периоде ее жизни, она говорила — «мой тогдашний любовник» или «это был один из моих любовников», и каждый раз я испытывал неприятное ощущение, слыша эти слова именно в ее устах и именно по отношению к ней, хотя я знал, что это не могло быть иначе и что из ее жизни нельзя произвольно исключить ни одного события без того, чтобы после этого она не перестала существовать для меня, так как я ее никогда бы не встретил, если бы у нее было одним любовником больше или меньше. Кроме того, она произносила это слово таким тоном, точно речь шла о каком-то неважном и всегда временном служащем.

Мне неоднократно приходилось замечать — с неизменным удивлением, что женщины обычно бывали чрезвычайно откровенны со мной и особенно охотно рассказывали мне свою жизнь. Я слышал множество признаний, иногда такого характера, что мне становилось неловко. Самым необъяснимым мне казалось то, что к большинству моих собеседниц я не имел, в сущности, никакого отношения, меня с ними связывало простое знакомство. Я неоднократно задавал себе вопрос: чем, собственно говоря, можно было оправдать такие излияния, которые не имели решительно никакой, ни внешней, ни внутренней, причины? Но так как это меня, в конце концов, не очень интересовало, то я никогда не терял слишком много времени на обсуждение этого. Я только знал, что по отношению ко мне женщины были откровенны, и этого для меня было более чем достаточно, потому что иногда мне приходилось попадать из—за этого в неловкое положение. Елена Николаевна была в этом смысле исключением. Она, правда, была способна несколько раз повторить «мой бывший любовник», «мой тогдашний любовник» все тем же тоном, каким она сказала бы «моя прачка» или «моя кухарка», — но этим ограничивалась. Очень редко у нее бывали короткие минуты откровенности, тогда она кое—что рассказывала и была неожиданно жестока по отношению ко мне — простотой выражений, которые она употребляла, упоминаниями некоторых, слишком реалистических, подробностей, и мне становилось обидно за нее. Но то, о чем она никогда и ни при каких обстоятельствах до сих пор не говорила, была ее душевная жизнь.

Как-то раз я сидел у нее вечером; сквозь полузадернутые портьеры с улицы доходил матовый свет круглых фонарей. Над ее диваном горело бра. Я встал и подошел к окну. Небо было звездное и чистое.

— Мне иногда жаль тебя, — сказал я. — У меня такое впечатление, что тебя неоднократно обманывали и каждый раз после того, как ты говорила что—либо, о чем лучше было молчать, тебе впоследствии приходилось раскаиваться в этом. Я боюсь, что в числе твоих поклонников были люди, которых нельзя назвать джентльменами, — и вот теперь, обжегшись на молоке, ты дуешь на воду.

Я обернулся. Она молчала, у нее было рассеянное и далекое выражение лица.

— А может быть, — продолжал я, — у тебя нечто вроде душевного пневмоторакса. Но у какого доктора хватило жестокости это сделать?

83

— Два года тому назад в Лондоне, — сказала она своим спокойным и ленивым голосом, — я познакомилась с одним человеком.

И какая-то, почти неуловимая, ее интонация заставила меня сразу насторожиться. Я продолжал стоять у окна. Мне казалось, что если я подойду к ней, или сяду в кресло рядом с диваном, или вообще сделаю несколько шагов по комнате, то первое же мое движение вдруг нарушит ее настроение и я так и не узнаю, что она хотела мне сказать. Я даже не повернул головы — и в такой напряженной неподвижности я стал слушать ее рассказ. Она говорила на этот раз с полной и беззащитной откровенностью, — произошло то, чего я так давно и упорно ждал.

Это началось на вечере у ее знакомых. Хозяин дома был человек пятидесяти лет, его жена была на двадцать лет моложе, чем он.

Мне хотелось спросить, какое значение для дальнейшего имеют подробности о возрасте хозяев, но я промолчал.

После очень плотного обеда были импровизированные выступления. Один из гостей недурно пел, другой читал стихи, какая-то дама очень мило танцевала. Последним выступал высокий мужчина, который играл на рояле вещи Скрябина. На Елену Николаевну эта музыка произвела крайне тягостное впечатление, которое невольно связывалось с ее исполнителем. Когда, в середине вечера, он пригласил ее танцевать, ей нужно было сделать усилие над собой, чтобы не отказать ему. Но танцевал он прекрасно и оказался, как она сказала, самым занимательным собеседником, какого она когда—либо встречала. У него было бледное лицо и очень блестящие глаза. То, что он говорил, было умно и верно и как-то всегда попадало в ритм музыки, под которую они танцевали. Этот человек был другом хозяина дома и любовником его жены: Елена Николаевна видела пристальный взгляд ее синих глаз, не покидавший ее партнера все время.

Они говорили об Америке, о Холливуде, об Италии, о Париже, он все это очень хорошо знал, точно прожил всюду целые годы. Он читал все книги, вышедшие за последние годы, в этом у него была исключительная эрудиция; он хорошо знал музыку и ничего не понимал в живописи. Когда вечер кончился и он подошел к ней попрощаться, она с удивлением в первый раз заметила, что он не слишком молод; в его лице за эти несколько минут произошла, казалось, какая-то странная перемена. Но она вспомнила об этом впечатлении только значительно позже.

Прошла неделя, она встретилась с ним — он позвонил ей по телефону — в ресторане, где они ужинали. Он опять был таким же, как в вечер их первого знакомства. Играл оркестр венгерских цыган — с плачущими звуками скрипок, с неизменными и тягостно—соблазнительными удлинениями мелодии, которые внезапно обрывались и вслед за которыми начинался быстрый ритм, похожий на звуковое изображение скачки лошадей по какой-то воображаемой и огромной равнине. Он слушал внимательно и потом сказал:

— В Европе есть только одна страна, где можно понять по-настоящему, что такое пространство, — это Россия. Но вы, может быть, не любите географии, особенно в ресторане? Вам не кажется, что все происходящее, в сущности, чудесно?

— Я так часто слышала именно эту фразу, что она потеряла для меня убедительность.

— А между тем это именно так, и ваши бедные собеседники были правы.

— Нет ничего скучнее иногда, чем быть правым.

— Конечно. Но если вы дадите себе труд проследить последовательность событий какой-нибудь одной человеческой жизни, то вы должны будете согласиться, что это почти всегда чудесно.

— Очень часто это просто неинтересно. И во многих случаях бывает непонятно, зачем, собственно, так ненужно и бессмысленно прожил такой-то или такой-то человек.

— Я знаю одну биографию, — сказал он, — биографию бедного еврейского юноши из Польши, который родился в семье бакалейщика, но мечтал о карьере портного. Он участвовал в войне, был в плену, сражался, был ранен и после долгих мытарств попал в Англию, где ему удалось стать портным, как он надеялся на это всегда. Он мечтал об этом в сырых окопах, под звуки стрельбы, в госпитале, в плену. И после того, как он получил свой первый заказ, он заболел воспалением легких и умер через десять дней. Посмотрите — какая исключительная последовательность, какой замечательный конец!

— Вы видите в этом проявление какого-то высшего смысла?

Его лицо стало серьезным, блестящие его глаза смотрели на нее чрезвычайно пристально.

— Разве вам это не кажется очевидным? Это был бег к смерти. Он мечтал сделаться портным, как другие мечтают о славе или богатстве. Судьба хранила его, казалось бы, именно для того, чтобы он мог достигнуть этой цели. Он не был убит на фронте, не погиб в плену, не умер от гангрены или заражения крови в госпитале. И наконец, когда его мечта осуществилась, оказалось, что ее осуществление несло в себе его смерть, к которой он так упорно стремился все время. Всякая жизнь становится ясна — я хочу сказать, ее движение, ее особенности — только тогда, в последние минуты. Вы знаете персидскую легенду о садовнике и смерти?

— Нет.

— К шаху пришел однажды его садовник, чрезвычайно взволнованный, и сказал ему: дай мне самую быструю твою лошадь, я уеду как можно дальше, в Испагань. Только что, работая в саду, я видел свою смерть. Шах дал ему лошадь, и садовник ускакал в Испагань. Шах вышел в сад; там стояла смерть. Он сказал ей: зачем ты так испугала моего садовника, зачем ты появилась перед ним? Смерть ответила шаху: я не хотела этого делать. Я была удивлена, увидя твоего садовника здесь. В моей книге написано, что я встречу его сегодня ночью далеко отсюда, в Испагани.

Потом он прибавил:

— Я знаю много случаев, в которых смысл такого движения представляется особенно ясным. Я вам говорил о портном. Вот вам другой пример: русский офицер, участник великой, потом гражданской войны в России. Он провел на передовых позициях шесть лет. Почти все его товарищи погибли. Он был несколько раз ранен, однажды прополз под обстрелом, с двумя пулями в теле, четыре километра. Много раз он спасался от смерти просто чудом. Но он остался жив. Потом война кончилась, и он приехал в мирную Грецию, где уже ничто, казалось бы, не могло ему угрожать. Через день после своего приезда он шел ночью по окраине маленького азиатского городка, упал в колодец и утонул. Подумайте стоило ли тогда ползти под обстрелом, теряя сознание от слабости, с таким страшным усилием, стоило тратить столько несокрушимого мужества и героизма, чтобы однажды ночью утонуть в колодце после того, как все опасности остались позади?

— И вы думаете, что смысл всего существующего сводится к этому смертельному фатализму?

— Это не фатализм, это направление жизни, это смысл всякого движения. Вернее, даже не смысл, а значение.

— Вы посвятили, по-видимому, много времени обсуждению этого вопроса. Вам, наверное, приходилось думать о том, в какой степени ваша собственная жизнь...

Он вдруг еще больше побледнел. Скрипки играли с особенной пронзительностью.

— Много лет тому назад, — сказал он, — я встретил свою смерть, я видел ее так же ясно, как этот персидский садовник. Но в силу необыкновенной случайности она пропустила меня. Elle m'a raté[25], не знаю, как это сказать иначе. Я был очень молод, я летел ей навстречу сломя голову, но вот эта случайность, о которой я говорил, спасла меня. Теперь я медленно иду по направлению к ней — и, в сущности, я должен быть ей благодарен за то, что она, по-видимому, ошиблась страницей, так как это дает мне счастье смотреть в ваши глаза и излагать вам эти полуфилософские обрывки.

— Мне казалось, что все тогда было против меня, — сказала Елена Николаевна, — вечер, музыка, это лицо с блестящими глазами. Но у меня еще были силы сопротивляться этому. Их, однако, хватило ненадолго.

Она встречалась с ним примерно раз в неделю. После первого свидания в ресторане он на время изменил своей тогдашней, философской, как она сказала, манере, — он говорил о скачках, о фильмах, о книгах, и чем больше она его узнавала, тем очевиднее для нее становилось, что он был головой выше всех, с кем ей до сих пор приходилось встречаться. И все—таки, несмотря на умные и верные вещи, несмотря на то, что перед ней открывался целый мир, которого она не знала, — на всем этом был налет холодного и спокойного отчаяния. Она никогда не переставала внутренне сопротивляться этому. Она не могла противопоставить его рассуждениям что-то другое, это был бы слишком неравный и заранее проигранный спор. Но все ее существо протестовало против этого, она знала, что это неправильно, или если это правильно, то нужно — и стоит — сделать нечеловеческое усилие, чтобы это сразу забыть и никогда к нему не возвращаться.

— Всякая любовь есть попытка задержать свою судьбу, это наивная иллюзия короткого бессмертия, — сказал он как-то. — И все-таки это, наверное, лучшее, что нам дано знать. Но и в этом, конечно, легко увидеть медленную работу смерти. «Vouloir nous brûle et pouvoir nous détruit[26] — вы найдете это в «Шагреневой коже» Бальзака.

Она ставила себе вопрос: что давало этому человеку силу жить? То, во что верили другие, для него не существовало; даже самые лучшие, самые прекрасные вещи теряли свою прелесть, как только он касался их. Но его притягательность была

[25] Дала осечку (фр.).
[26] «Хотеть нас испепеляет, а мочь нас уничтожает» (фр.).

непреодолима. Елена Николаевна знала, что это неизбежно, и, когда она стала его любовницей, ей казалось, что она вспоминает нечто случившееся уже давно. И еще несколько позже она поняла, как этот человек мог существовать и что поддерживало его в этом длительном путешествии навстречу смерти: он был морфиноман. Она однажды спросила его, как могло случиться, что он, с его умом и способностями, он, который был, несомненно, выше всех, кого она знала, — мог дойти до такого безнадежного состояния?

— Это потому, что я пропустил свою смерть, — ответил он.

Ее роман с ним был омрачен еще одним трагическим событием. Прежняя его любовница, хозяйка того дома, где Елена Николаевна впервые услышала музыку Скрябина, не могла примириться с новым положением. Она писала угрожающие письма, грозила разоблачениями, сторожила часами у подъезда его дома. Это была вздорная женщина, которая, как он выразился, прожила свою жизнь, задумавшись раз навсегда о какой-то ерунде, затем влюбилась в него, и это заполнило все ее существование. Любил ли он ее? Нет, это было затянувшееся недоразумение. Но кончилось оно трагически: она отравилась, оставив мужу подробное письмо, в котором рассказывала историю своего романа и объясняла, что лишает себя жизни, так как этот человек не хочет больше с ней жить. С наивной жестокостью она прибавила: ты, который меня так любил, ты должен понять, что это такое.

Он пытался приучить Елену Николаевну к морфию, — и, в сущности, это было единственное, что ему не удалось. После первого опыта она ощутила, как она сказала, ледяную, непостижимую до тех пор прозрачность, но потом ей было дурно, и она никогда больше не повторяла этой попытки. Во всем остальном она чувствовала, что сдает и, в конце концов, гибнет. То, что она вначале воспринимала как интересные вещи, как возможность нового постижения мира, стало постепенно казаться ей естественным. То, что она всю жизнь считала важным и существенным, неудержимо и, казалось, безвозвратно теряло свою ценность. То, что она любила, она переставала любить. Ей казалось, что все увядает и что вот остается только — время от времени — какая-то смертельная восторженность, после которой пустота. Ей казалось, что ее отделяли от встречи с ним уже целые годы утомительной жизни и что в ней не оставалось ничего от прежней Леночки, какой она была как будто бы так недавно. Изменился даже ее характер, ее движения стали медлительнее, ее реакции на происходящее теряли свою силу, словом, все было так, точно она была погружена в глубокий душевный недуг. Она чувствовала, что если это будет еще продолжаться, то кончится небытием или падением в какую-то холодную пропасть. Те попытки, которые она делала, чтобы изменить его жизнь — потому что она, несомненно, любила его, — ни к чему не привели. И та теплота, которая в ней была, постепенно слабела и уходила.

И вот как у человека, наполовину отравленного газом и почти теряющего сознание, хватает силы доползти до окна и отворить его, так у нее хватило силы, проснувшись однажды утром, уложить свои вещи и уехать на вокзал, а оттуда в Париж. Но до этого она сделала все, что могла, пытаясь вернуть его к сколько-нибудь нормальной жизни. Она рассказала мне о своем последнем разговоре с ним. Это было вечером, в его квартире. Он сидел в кресле, у него было усталое лицо и потухшие глаза. Она сказала ему:

— Все как-то так чудовищно в твоей жизни, что у меня опускаются руки. Ты говоришь, что любишь меня?

Он кивнул головой.

— Ты себе представляешь, что у меня может быть ребенок?

— Нет.

— Мне кажется, что я так же имею право быть матерью, как всякая другая женщина.

Он пожал плечами.

— Я могла бы выйти за тебя замуж. Вместе с тем, ясно, что это абсурд. Ни то ни другое невозможно. Почему? Ты считаешь себя осужденным на смерть. Но мы все осуждены на смерть.

— Иначе.

— Почему?

— Потому что все понимают это только теоретически, а я знаю, что это такое. Почему? Не могу объяснить. В некоторых тюрьмах арестантов отпускают в город под честное слово на день или два. Они так же одеты, как все остальные, так же могут обедать в ресторане или сидеть в театре. Но они все-таки не похожи на других — не так ли? Меня отпустили на некоторое время; я не могу ни думать, ни жить так, как все, потому что я знаю, что меня ждут.

— Это одна из форм сумасшествия.

— Может быть. Кстати, что такое сумасшествие?

— Ты понимаешь, во всяком случае, что это не может так продолжаться. Я не могу так жить.

— Всякая другая жизнь показалась бы тебе теперь неинтересной и лишенной привлекательности. Ты никогда не станешь такой, какой была раньше.

89

— Почему?

— Во—первых, потому, что это маловероятно.

— А во—вторых?

— Во—вторых, потому, что я этого не допущу.

— Ты хочешь сказать, что ты остановишь меня?

— Да.

— Каким путем?

— Это не важно, каким угодно.

Если бы этого разговора не было, она, вероятно, осталась бы с ним еще на некоторое время. Но мысли, что ее можно к чему-то принудить или удержать какой-то угрозой, она не могла перенести.

И, уехав от него, она убедилась, что в его словах была значительная часть истины. Она была отравлена его близостью, может быть, надолго, может быть, навсегда. И вот как будто только теперь, впервые за все эти месяцы и годы, она почувствовала, что, может быть, это не безвозвратно. Она буквально сказала эту фразу:

— И вот только теперь я начинаю думать, что это, может быть, не безвозвратно.

Я отошел от окна и сел рядом с ней на диване.

— Какой ты теплый, — сказала она.

— Он, конечно, не знает, где ты?

— Нет, он знает только, что я уехала. Я не думаю, чтобы он мог меня найти. Можно, я лягу? Я устала от того, что рассказала тебе это. И вместе с тем, я всегда знала, что когда-нибудь я буду кому-то рассказывать о моей жизни, потому что он будет меня спрашивать об этом и потому что в эти минуты я буду его любить. Ты видишь, как давно я знала о тебе?

— Да, конечно. А потом ты кому-то будешь рассказывать обо мне. И ты скажешь: он писал некрологи, и спортивные отчеты, и статьи о женщине, разрезанной на куски, — и что еще, Леночка?

— Еще — что ты больше понимал, чем умел сказать, и что твои интонации были выразительнее, чем слова, которые ты говорил. Но, может быть, я этого никому не скажу.

Я снова возвращался домой по пустынным ночным улицам, и, несмотря на то, что мне хотелось заснуть и не думать ни о чем, я все же не мог избавиться от размышлений по поводу этого человека, о котором рассказывала Елена Николаевна. Что могло случиться с ним, что вызвало в нем этот страшный вид душевной болезни? Я знал, что поиски какого-то отправного момента, с которого начинается всякий душевный недуг, всегда мучительно трудны и чаще всего совершенно бесплодны. Кроме того, даже если бы я нашел абсолютно правильное решение этого вопроса, у меня не было никакой возможности его проверить. И затем — какое мне, в сущности, было дело до этого человека? Я только лишний раз убеждался в том, что в силу неизменно повторяющейся случайности, может быть, в силу каких-то других причин, которых я не знал, в каждом моем романе всегда был ненужно—трагический элемент и это почти никогда не было по моей личной вине. Обычно это бывала вина одного из моих предшественников, за которую невольно приходилось расплачиваться мне. В некоторых случаях судьба была особенно насмешлива по отношению ко мне. Я не мог забыть, как я встретил одну женщину, замечательную во многих отношениях, но отличавшуюся непонятно—адским характером; я провел с ней несколько лет, мне было ее искренне жаль, и я делал все, чтобы она была менее несчастной, так как она сама была первой жертвой своих собственных недостатков. Долгий период душевного спокойствия повлиял, наконец, на нее благотворно — и после этого она ушла от меня, особенно настаивая на том, что не питает ко мне никаких дурных чувств, и считая, с бессознательным простодушием, что это одно должно мне казаться чуть ли не незаслуженным счастьем. И через некоторое время ее новый любовник, очень милый вообще человек, сказал мне, что она ему много рассказывала обо мне, и он рад со мной познакомиться, и что она удивительная женщина с совершенно идеальным характером — и это так редко, как он заметил, в наш нервный век.

И мне начало казаться, что вообще моя роль заключается в том, что я появляюсь после катастрофы и все, с кем мне суждена душевная близость, непременно перед этим становятся жертвами какого-то несчастья. В некоторых случаях это принимало более трагический характер, в других менее, но это всегда бывало тяжело и осложнялось еще тем, что по вредной и давней привычке, от которой я не мог избавиться, я всякий раз длительно и постоянно обдумывал это, не принимая вещи такими, какими они были, и строя вокруг них целую систему моих собственных и напрасных предположений о том, как это могло бы быть, если бы было иначе. Я всегда искал причин, вызвавших ту или иную катастрофу, — и вот теперь я думал о моем лондонском предшественнике, об этом человеке с таким непонятным тяготением ко всему, что заключало в себе идею смерти. Чем могло объясняться возникновение такого душевного недуга? У меня не было решительно никаких данных, чтобы судить об этом. Но этот вопрос интересовал меня, помимо всего, еще чисто теоретически — как могла бы меня интересовать какая-нибудь произвольная психологическая проблема. Судя по его возрасту — Елена Николаевна как-то сказала, что он был лет на десять старше меня, — он, наверное, участвовал в войне, и, может быть, это повлияло на него? Я знал по собственному опыту и по примеру многих моих товарищей то непоправимо разрушительное действие, которое оказывает почти на каждого человека участие в войне. Я знал, что постоянная близость смерти, вид убитых, раненых, умирающих, повешенных и расстрелянных, огромное красное пламя в ледяном воздухе зимней ночи, над зажженными деревнями, труп своей лошади и эти звуковые впечатления — набат, разрывы снарядов, свист пуль, отчаянные, неизвестно чьи крики, — все это никогда не проходит безнаказанно. Я знал, что безмолвное, почти бессознательное воспоминание о войне преследует большинство людей, которые прошли через нее, и в них всех есть что-то сломанное раз навсегда. Я знал по себе, что нормальные человеческие представления о ценности жизни, о необходимости основных нравственных законов — не убивать, не грабить, не насиловать, жалеть, — все это медленно восстанавливалось во мне после войны, но потеряло прежнюю убедительность и стало только системой теоретической морали, с относительной правильностью и необходимостью которой я не мог, в принципе, не согласиться. И те чувства, которые должны были во мне существовать и которые обусловили возникновение этих законов, были выжжены войной, их больше не было, и их ничто не заменило.

Он не мог, конечно, не знать об этом всего, что знал я. Но, с другой стороны, сотни тысяч людей прошли сквозь это и не стали сумасшедшими. Нет, конечно, естественнее было предположить, что в его жизни произошли какие-нибудь особенные события, о которых ничего не знала даже Елена Николаевна и которые предопределили его теперешнее состояние. Что значила, например, эта фраза: Elle m'a raté? Во всяком случае, в ее глазах надолго застыло неподвижно и неестественно спокойное выражение, как забытое изображение в зеркале, — и это уже относилось ко мне непосредственно, не так, как все остальное, потому что все остальное тоже, к сожалению, относилось ко мне. Я чувствовал иногда, и в частности этой ночью, возвращаясь домой, необыкновенное раздражение против невозможности избавиться от того мира вещей, мыслей и воспоминаний, беспорядочное и безмолвное движение которого сопровождало всю мою жизнь. Я готов был иногда проклинать мою память, сохранявшую для меня многое, без чего мне было бы легче жить. Но изменить это было невозможно — и лишь в редкие периоды моего существования, требовавшие от меня наибольшего напряжения душевных сил, все это на некоторое время удалялось от меня — с тем, чтобы потом снова вернуться.

Я прошел полдороги пешком, затем остановил проезжавшее такси и, вернувшись домой, заснул мертвым сном.

Я помню, что на следующий день была прекрасная погода, солнце и синее небо с белыми, перистыми облаками. Мне очень легко работалось, я за несколько часов написал большую статью, на этот раз не о преступлении и не о банкротстве, а о некоторых особенностях Мопассана. Вечером, когда я был у Елены Николаевны, она сказала мне, что чувствует себя помолодевшей на несколько лет; она опять, по-видимому, подчинялась тому же невольному движению, что и я, как это уже было вначале, в день моего первого визита к ней и в течение той недели, которая предшествовала ему.

Однажды, проработав со мной полдня, она сказала мне, что приглашена вечером в театр и что мы увидимся с ней только на следующее утро. — Я разбужу тебя чуть свет, — сказала она, уходя. Я знал, что она идет в театр со своей давней подругой, которую случайно встретила в Париже. Я видел ее два или три раза, это была пышная женщина, довольно красивая; но при взгляде на нее у меня почему-то каждый раз появлялся аппетит, независимо от того, когда это происходило. И если это случалось даже непосредственно после сытного завтрака, все-таки ее вид неизменно вызывал представление о еде, и, когда я закрывал глаза, передо мной смутно возникали неясные окорока, осетрина, семга, омары; эта женщина носила с собой, не зная этого, целый мир гастрономических видений, которых она была возбудительницей. Я никогда не мог дойти до конца в анализе того, почему получалось именно так; и оттого, что у нас не было общих знакомых, то я даже не узнал, разделяли ли другие люди это представление или это был результат моего личного и тем более непонятного извращения. Она была замужем за французом, очень милым и безличным человеком.

— Если хочешь, приходи, Анни тебя накормит, — сказала Елена Николаевна.

Но я отказался — и в половине десятого вечера пошел в русский ресторан. Приближаясь к нему, я вспомнил о цыганских романсах и о Вознесенском. Я вошел и сразу увидел его. Он был не один: за его столиком, спиной ко мне, сидел человек в светло—сером костюме; белокурые волосы не совсем прикрывали начинавшуюся лысину. Вознесенский замахал мне рукой и поднялся со своего места, приглашая меня подойти. Когда я приблизился, он сказал:

— Искренне рад вас видеть, милый друг. Вот, разрешите вас познакомить: Саша Вольф собственной персоной, Александр Андреевич, только что приехавший из Лондона. Еще, пожалуйста, графинчик, красавица, — сказал он, обращаясь к кельнерше, которая подошла к столику одновременно со мной, — вы уж, миленькая, нас не обижайте.

Александр Вольф повернул голову, и я увидел его лицо. Он был еще красив, на вид ему было лет сорок. Может быть, если бы я не знал, что это он, я не обратил бы на него особенного внимания. Но оттого, что я это знал, мне показалось несомненным, что я вижу перед собой именно то, давно и страшно знакомое, лицо, воспоминание о котором столько лет преследовало меня. У него была очень белая кожа и неподвижные серые глаза.

— Я ему говорил о вас, — сказал Вознесенский. — Ведь если бы не он, Саша, я бы так и не узнал, что ты написал в твоей книге. Садитесь, милый друг, выпьем рюмочку, мы, слава Богу, люди православные.

Я не находил слов, чтобы заговорить с Вольфом. Я столько времени думал о встрече с ним, я хотел ему сказать столько вещей, что я не знал, с чего начать. Кроме того, присутствие Вознесенского, ресторанная обстановка и выпитая водка не подходили для того разговора, о котором я думал столько раз. Александр Вольф говорил мало и ограничивался короткими репликами. Зато Вознесенский не умолкал. Как только я сел за стол, он выпил очередную рюмку и с пьяной пристальностью посмотрел на Вольфа.

— Саша, друг мой, — сказал он с необыкновенной выразительностью, — ведь ты подумай только, какой ты для меня человек, у меня нет большего друга. Ведь мы тебя, сукиного сына, мертвого было подняли, доктор тебя в больнице выходил, верно это или нет? А если верно, то к кому от меня Марина ушла? А? А какая была девочка, Саша! Ты лучше знал когда—нибудь?

— Знал, — с неожиданной твердостью сказал Вольф.

— Врешь, не может быть, Саша. А я не знал и не узнаю. Почему ты о ней не напишешь, хотя бы даже по-английски? Она на всех языках хороша. Напиши, Саша, будь другом.

Вольф, не улыбаясь, взглянул на него, потом перевел взгляд на меня.

— Меня заинтересовал ваш рассказ «The Adventure in the Steppe», — сказал я, — по некоторым причинам, которые я вам изложу, если вы позволите, в более подходящей обстановке. Мне бы вообще хотелось поговорить с вами о некоторых важных — с моей точки зрения — вещах.

— Я к вашим услугам, — ответил он. — Если хотите, встретимся здесь же послезавтра, часов в пять. Мне Владимир Петрович рассказывал о своих разговорах с вами.

— Очень хорошо, — сказал я, — тогда, значит, послезавтра, в пять часов, здесь же.

Я ушел не сразу. Каждый раз, когда это было возможно, я смотрел на Вольфа с той жадной и пристальной напряженностью, которая была характерна для всего моего отношения к нему и которая только в последнее время ослабела, потому что другие, более сильные чувства владели мной. Я делал над собой усилия, чтобы увидеть его таким, каким он казался бы мне, если бы я вообще ничего о нем не знал, я старался отстранить от себя те навязчивые представления, которые слишком долго преследовали мое воображение и которые мешали мне в эти минуты. Я не мог бы, однако, сказать с уверенностью, насколько мне это удалось. В лице Вольфа было, мне казалось, что-то резко отличавшее его от других лиц, которые я видел. Это было трудноопределимое выражение, нечто похожее на мертвую значительность, — выражение, казавшееся совершенно невероятным на лице живого человека. Для того, кто, как я, так внимательно читал его книгу, представлялось чрезвычайно странным, что именно этот человек, с неподвижным взглядом и этим непередаваемым выражением, мог писать такой быстрой и гибкой прозой и видеть этими же остановившимися глазами столько вещей.

«Beneath me lay my corpse with the arrow in my temple» — я вдруг вспомнил этот эпиграф к «The Adventure in the Steppe». Вот что в нем было главное — он был действительно похож на призрак. Как я мог этого не понять с самого начала? Мне вдруг стало холодно на несколько секунд. И опять голос из граммофона пел любимый романс Вознесенского:

Не надо ничего,
Ни поздних сожалений...

И я вспомнил, что давно уже я представлял себе именно то, что было сейчас: ресторан, музыка и — сквозь пьяную цыганскую печаль — это мертвое лицо неизвестного автора «I'll Come Tomorrow». Я закрыл глаза; передо мной клубилось невероятное соединение мыслей, воспоминаний, чувств, и все

95

это проходило через несколько мотивов и те воображаемые мелодии, о которых я думал, когда представлял себе пение Марины под аккомпанемент Саши Вольфа. Потом я увидел с необыкновенной ясностью качающуюся, как во сне, черную мушку револьвера перед моим правым глазом. Мне стало казаться, что меня знобит, что у меня начинается бред.

Я, наконец, поднялся и ушел, несмотря на шумные протесты Вознесенского; он протягивал по направлению ко мне руку, из которой не выпускал рюмки с водкой, и уговаривал меня сначала посидеть еще немного здесь, а потом поехать куда-нибудь в другое место. Мне, может быть, было бы очень трудно отказаться от его настойчивых приглашений, но я сослался на спешную работу. Все, что относилось к литературе или журналистике, носило для него чуть ли не священный характер, и этого не могла изменить никакая степень его опьянения.

— После этого не смею удерживать, милый друг, — сказал он. — Желаю вам успешных трудов.

Я вышел из ресторана: мне не хотелось тотчас же возвращаться домой. Я пошел по rue de la Convention, направляясь к Сене. Было около половины двенадцатого вечера, было тепло, шелестели молодые листья на недавно распустившихся деревьях, еще не успевших принять тот вялый и пыльный вид, который они имеют летом. Встреча с Вольфом не давала мне покоя, я в сотый раз восстанавливал в памяти все, что было связано с ним, — от той минуты, когда он лежал поперек дороги, до книги, которую он написал, и моего свидания с лондонским издателем, ненавидевшим его такой страшной ненавистью. Я думал о том, что Вольф стал для меня — и не столько он лично, сколько всякая мысль о нем — невольным олицетворением всего мертвого и печального, что было в моей жизни. К этому прибавлялось еще сознание моей собственной вины: я чувствовал себя, почти как убийца, потрясенный только что совершенным преступлением, у трупа своей жертвы. И хотя я не был убийцей и Вольф не был трупом, я не мог отделаться от этого представления. — В чем, собственно, моя вина перед ним? — спрашивал я себя. И несмотря на то, что всякий суд, я полагаю, оправдал бы меня, — военный потому, что убийство есть закон и смысл войны, гражданский потому, что я находился в состоянии самозащиты, — во всем этом оставалось нечто бесконечно тягостное. Я никогда не хотел убивать его, я увидел его за минуту до моего выстрела. Почему же мысль о нем заключала в себе такое непоправимое сожаление, такую непреодолимую печаль?

И с такой же неожиданностью, как полчаса тому назад в ресторане я понял, что делало Вольфа не похожим на других, — именно мое представление о его призрачности и случайное соответствие его внешности с этим представлением, — так сейчас мне стала ясна причина моего сознания несуществующей вины. Это была та самая идея убийства, которая столько раз с повелительной жадностью занимала мое воображение. Она была похожа, быть может, на последний отблеск потухающего огня, на минутный возврат к древнему инстинкту; это было — опять-таки быть может — своеобразным проявлением закона наследственности, и я знал, что у меня было много поколений предков, для которых убийство и месть были непреложной и обязательной традицией. И это соединение соблазна и отвращения, эта неподвижная готовность к преступлению, по-видимому, существовала во мне всегда, и, конечно, понимание этого было предметом тягостного сожаления, которое я сейчас испытывал. Мысль о Вольфе была сильнейшим напоминанием об этой особенности, теоретически преступной подробности моей душевной биографии. Если бы не существовало Вольфа, она могла бы оставаться в области моего воображения и у меня могла бы быть утешительная иллюзия, что все это только результат моей фантазии и что, если бы это должно было произойти в действительности, я бы нашел в себе достаточно душевной силы, чтобы удержаться от последнего и безвозвратного движения; существование Вольфа лишало меня этой тщетной иллюзии. Кроме того, если мне этот выстрел стоил так дорого, то его последствия, вероятно, не могли не отразиться на всей жизни Вольфа. Сопоставляя еще раз все, что о нем рассказывал Вознесенский, с обликом автора «I'll Come Tomorrow», я думал, что, быть может, если бы не это незаконченное убийство, Саше Вольфу предстояла бы счастливая жизнь и остались бы неизвестны те безотрадные вещи, о которых была написана книга Александра Вольфа. Я задумался над этим — в который раз? — и вспомнил слова лондонского любовника Елены Николаевны:

— Последовательность событий во всякой человеческой жизни чудесна.

Да, конечно; и если в эту сложную совокупность таких разных и одновременных явлений я начинал вводить, как объяснительный элемент, привычный закон причинности, то чудесность происходящего казалась еще более явной и получалось так, точно вот из одного моего движения возникал целый мир. И если считать, что началом длинной серии событий была моя вытянутая рука с револьвером и пуля, пробившая грудь Вольфа, то из этого короткого, как выстрел, промежутка времени родилось сложное движение, которого не могли бы ни предвидеть, ни учесть никакой человеческий ум и никакое самое могучее, самое чудовищное воображение. Кто мог знать, что в этом мгновенном, вращающемся полете пули был заключен, в сущности, город над Днепром, и непередаваемая прелесть Марины, и ее браслеты, и ее песни, и ее измена, и ее исчезновение, и жизнь Вознесенского, и трюм корабля, Константинополь, Лондон, Париж, и книга «I'll Come Tomorrow», и эпиграф о трупе со стрелой в виске?

* * *

Уходя от Елены Николаевны следующей ночью, я сказал ей:

— Я не знаю, в котором часу я приду завтра и даже приду ли я вообще. Я позвоню тебе по телефону.

— Что-нибудь случилось?

— Нет, но у меня очень важное свидание.

— С мужчиной или с женщиной?

— С призраком, — сказал я. — Я потом расскажу тебе это.

В ресторане не было никого, когда я пришел туда, кроме какого-то подвыпившего шофера такси, который беспрестанно целовал руку подававшей ему кельнерше и рассказывал ей о своих переживаниях. Я явился без десяти пять. Вольфа еще не было, и поэтому я успел услышать, что именно говорил шофер. Это был очень галантный, именно галантный человек, бывший кавалерист, чрезвычайно любезный — по крайней мере, в пьяном виде — и по-уездному, обескураживающе великосветский.

Я сидел и пил кофе, до меня доходили его слова:

— И тогда я написал ей письмо. Я ей написал — что делать, моя дорогая, наши пути разошлись. Но я прибавил фразу, которую она, наверное, никогда не забудет.

— Какая же это фраза? — спросила кельнерша.

— Я написал буквально так: я тебя поставил на такой высокий пьедестал — и ты сама с него слезла.

И в это время в ресторан вошел Вольф. Он был в другом костюме, темно—синего цвета. Я пожал ему руку. Он заказал себе кофе и спокойно—выжидательно посмотрел на меня. Несмотря на то, что я много раз обдумывал, с чего я начну разговор и что я скажу потом, все выходило не так, как я предполагал. Но это, конечно, не имело значения.

— Несколько месяцев тому назад, — сказал я, — за этим самым столиком Владимир Петрович рассказывал мне о своем знакомстве с вами. Это было после того, как моя первая попытка узнать что—либо о вас — о ней я скажу позже, если позволите, — потерпела очень неожиданное фиаско.

— Что, собственно, вызвало с вашей стороны такой интерес к моей особе? — спросил он. Я опять не мог не обратить внимания на его голос, очень ровный, невыразительный, без резкого изменения интонаций.

Я вынул из своего портфеля его книгу, развернул ее на той странице, где начинался рассказ «Приключение в степи», и сказал:

— Как вы помните, ваш рассказ начинается с упоминания о белом жеребце апокалипсической красоты, на котором герой ехал навстречу смерти. После событий, которые потом описываются, герой спрашивает себя, что стало с человеком, стрелявшим в него и который продолжал скачку к смерти на этом же коне, в то время как он, герой, с пулей, застрявшей чуть выше сердца, умирал, лежа поперек дороги. Не так ли?

Вольф смотрел на меня с напряженным вниманием, чуть прищурив свои неподвижные глаза.

— Да. И что же?

— Я вам могу ответить на этот вопрос, — сказал я.

Его лицо не изменилось, только глаза стали шире.

— Вы можете ответить на этот вопрос?

Мне было трудно дышать, я чувствовал необыкновенное стеснение в груди.

— Я помню это так, как будто это было вчера, — сказал я. — Это я стрелял в вас.

Он вдруг встал со стула и секунду остался стоять, точно собираясь что-то сделать. Мне показалось, что он сразу вырос на целую голову. И тогда я увидел его глаза, такие же расширенные и такие же неподвижные, в которых появилось и исчезло что-то действительно страшное, — и я понял в эту секунду, что в авторе «I'll Come Tomorrow» все-таки оставалось нечто почти забытое, почти умершее, но именно то, что хорошо знал в свое время Вознесенский и что я остановил тогда — только потому, что у меня был револьвер, и только потому, что и я был способен стать убийцей. Но Вольф тотчас же сел опять и сказал:

— Извините меня, пожалуйста. Я слушаю.

— Это мое лицо вы видели над собой после того, как вы упали с лошади. Вы не ошиблись в вашем описании: мне было тогда шестнадцать лет. У меня, наверное, было сонное выражение, я не спал перед тем около тридцати часов. Это я уехал на вашем жеребце, потому что вы убили вашим первым выстрелом мою вороную кобылу. Это я стоял, наклонившись над вами. Я поспешил уехать потому, что ветер донес до меня далекий звук копыт. Как я выяснил недавно, в разговоре с Владимиром Петровичем, это был топот тех лошадей, на которых он и двое его товарищей ехали вас разыскивать.

Вольф молчал. Совершенно опьяневший шофер опять рассказывал о своем письме, но уже другой кельнерше.

— ...Такой высокий пьедестал — и ты сама с него слезла...

— Значит, это вы, — сказал Вольф с утвердительной интонацией.

— К несчастью, — ответил я. — Все эти годы воспоминание об этом никогда не покидало меня. Я очень дорого заплатил за свой выстрел. Во всех чувствах, даже самых лучших, которые я испытывал, всегда оставалось какое-то темное и пустое пространство, в котором было неизменно одно и то же смертельное сожаление о том, что я вас убил. И я думаю, вы поймете, как я был рад, когда я прочел ваш рассказ и узнал, что вы остались живы. И вы извините теперь, я надеюсь, мою нескромность по отношению к автору «I'll Come Tomorrow».

Я ждал его ответа. Он молчал. Потом он перевел дыхание, и тогда я заметил, что он, по-видимому, был взволнован не меньше, чем я, — и сказал:

— Это так неожиданно, я настолько иначе представлял себе вас, и я настолько привык к мысли о том, что вас давно нет в живых...

В дверях показался Вознесенский. Вольф быстро сказал мне:

— Мы поговорим с вами об этом завтра здесь, в это же время. Хорошо?

Я кивнул головой.

Вознесенский был особенно благодушен в этот день. Он похлопал Вольфа по плечу, пожал мне руку и сел за стол. Когда кельнерша стала накрывать и поставила графин с водкой, он налил три рюмки и сказал:

— Ну, Саша, с Богом. И вы, милый друг. Кто знает, что нам готовит будущее?

Вольф был рассеян и молчалив.

— Англия, не Англия, — сказал Вознесенский после четвертой рюмки, — говорят, там хорошо пьют. Охотно соглашаюсь. Но вот я скромный русский человек, и меня никакой Англией не запугаете. Берусь пить с любым англичанином, — а там мы посмотрим.

Потом он укоризненно взглянул на меня.

— А вот наш друг, тот больше по части закуски. Конечно, с голоду в ресторане умирать не нужно. Но напитки все-таки главное.

Когда начал играть граммофон, Вознесенский, знавший все романсы, подпевал своим низким голосом. На шестой пластинке Вольф сказал:

— Неутомим ты, Володя, ты бы отдохнул.

— Милый друг, — Вознесенский пожал плечами, — от чего же тут отдыхать? Я, брат, своего происхождения не забываю, у меня столько поколений глотку драли, что это для меня пустяк.

Когда мы кончили обедать, у меня слегка шумело в голове, хотя я пил не очень много. Вознесенский предложил пройтись, как он выразился, но едва мы вышли на улицу, он остановил первое такси, и мы поехали на Монмартр. Там начались странствия по разным местам, и под конец все спуталось в моем представлении. Я вспомнил потом, что там были какие-то голые мулатки, до моего слуха смутно доходила их гортанная болтовня, затем другие женщины, одетые и раздетые; смуглые молодые люди южного типа играли на гитарах, было негритянское пение и оглушительный джаз—банд. Огромная негритянка исполняла с необыкновенным искусством танец живота; я смотрел на нее, и мне казалось, что она вся составлена из отдельных частей упругого черного мяса, которые двигаются независимо один от другого, как если бы это происходило в чудовищном и внезапно ожившем анатомическом театре. Затем опять была музыка, играли гавайские гитары, и Вознесенский, держа в руке стакан с беловато—зеленой жидкостью, сказал:

— Тот, кто однажды побывал на Таити, непременно вернется туда, чтобы умереть именно там.

Он запел в тон музыки своим густым баритоном и прибавил:

— Что такое северная женщина? Отблеск солнца на льду.

Его опьянение носило благодушно—эротический характер, он пил за здоровье всех своих кратковременных собеседниц и был, казалось, совершенно счастлив.

Потом все эти экзотические картины сменились более европейскими развлечениями — пели венгерские цыгане, выступали французские артисты и артистки. Когда мы вышли на улицу из кабаре где-то возле Boulevard Rochechouart, там была драка между какими-то подозрительными субъектами, и в ней тут же приняли участие женщины, кричавшие свирепо—пронзительными голосами. Я стоял рядом с Вольфом; фонарь резко освещал его белое лицо с выражением, как мне показалось, спокойного отчаяния. Я чувствовал, что смотрю со стороны, далекими глазами на эту дикую и чуждую мне толпу, у меня даже было впечатление, что я слышу непонятные крики на незнакомом языке, хотя я, конечно, знал все оттенки и все слова этого арго сутенеров и проституток. Я испытывал томительное отвращение, непостижимым образом соединявшееся с усиленным интересом к этой свалке. Она, впрочем, скоро была прекращена целым нарядом полицейских, которые посадили в три огромных грузовика два десятка окровавленных женщин и мужчин и быстро уехали. На тротуаре осталось несколько полурастоптанных кепок и неизвестно как потерянный одной из участниц уличного боя розовый бюстгальтер. И хотя эти подробности придавали, казалось бы, особенную убедительность всему, чего я был свидетелем, я не мог избавиться от впечатления явной фантастичности этой ночной прогулки, как будто бы в привычном безмолвии моего воображения я шел по чужому и незнакомому городу, рядом с призраком моего длительного и непрерывающегося сна.

Уже начинался рассвет; мы возвращались домой пешком. Мы шли сквозь мутную смесь фонарей и рассвета по улицам, круто спускающимся вниз, с Монмартра. После этой шумной и утомительной ночи мне было трудно следить за Вольфом в том, что он тогда говорил. Но некоторые вещи я запомнил. Он был интересным собеседником, много знал, видел все очень своеобразно — и я понял, почему именно этот человек мог написать такую книгу. В ту ночь у меня создалось впечатление, что он, в сущности, равнодушен ко всему на свете: он говорил обо всем так, точно его лично это не могло касаться. Его философия отличалась отсутствием иллюзий: личная участь неважна, мы всегда носим с собой нашу смерть, то есть прекращение привычного ритма, чаще всего мгновенное; каждый день рождаются десятки одних миров и умирают десятки других, и мы проходим через эти незримые космические катастрофы, ошибочно полагая, что тот небольшой кусочек пространства, который мы видим, есть какое-то воспроизведение мира вообще. Он верил все-таки в какую-то трудноопределимую систему общих законов, далекую, однако, от всякой идиллической гармоничности: то, что нам кажется слепой случайностью, есть чаще всего неизбежность. Он полагал, что логики не существует вне условных и произвольных построений, почти математических;

что смерть и счастье суть понятия одного и того же порядка, так как и то и другое заключает в себе идею неподвижности.

— А тысячи счастливых существований?

— Да, людей, которые живут, как слепые щенята.

— Не непременно, может быть иначе.

— Если у нас есть то свирепое и печальное мужество, которое заставляет человека жить с открытыми глазами, разве вы можете быть счастливы? Нельзя даже представить себе, чтобы те, кого мы считаем самыми замечательными людьми, были счастливы. Шекспир не мог быть счастлив. Микеланджело не мог быть счастлив.

— А Франциск Ассизский?

Мы проходили по мосту через Сену. Над рекой стоял ранний туман, сквозь который возникал полупризрачный город.

— Он любил мир, как люди любят маленьких детей, — сказал Вольф. — Но я не уверен, что он был счастлив. Вспомните, что Христос был неизменно печален, и вне этой печали христианство немыслимо вообще.

Потом он прибавил другим тоном:

— Мне всегда казалось, что жизнь чем-то похожа на путешествие в поезде, эта медлительность личного существования, заключенная в стремительном внешнем движении, эта кажущаяся безопасность, эта иллюзия продолжительности. И потом, в одну неожиданную секунду, — рухнувший мост или развинченная рельса и то самое прекращение ритма, которое мы называем смертью.

— Вы представляете себе ее именно так?

— А вы видите ее иначе?

— Не знаю. Но если нет этого насильственного прекращения ритма, как вы это называете, то это может быть по-другому: медленный уход, постепенное охлаждение и почти незаметное, почти безболезненное скольжение туда, где слово «ритм» уже, наверное, не имеет смысла.

— Каждому человеку свойственна, конечно, его собственная, личная смерть, хотя его представление о ней может быть ошибочно. Я, например, уверен, что умру именно так — насильственно и мгновенно, почти так, как тогда, во время нашего первого знакомства. Я почти в этом убежден, хотя в мирных и благополучных условиях моей теперешней жизни это представляется, казалось бы, маловероятным.

Мы, наконец, расстались, и я вернулся домой. В три часа дня я должен был с ним встретиться в ресторане — так как о главном, именно об этом «Приключении в степи», еще не было речи.

* * *

Во время этого свидания он мне показался несколько живее, чем раньше, его походка была более гибкой, в его глазах я не заметил на этот раз их обычного, далекого выражения. Только голос его был такой же ровный и невыразительный, как всегда.

Я рассказал ему историю моей неудачной попытки узнать о нем то, что меня интересовало, и в частности — мой визит к директору лондонского издательства. Я не мог ему не сказать, что меня поразили последние слова этого человека.

— Я должен признать, — ответил Вольф, — что у него были некоторые основания так говорить. Он считал меня виновником одной очень трагической истории, которую он пережил. Я, к сожалению, не могу вас посвятить в ее подробности, я не имею права это делать. Его суждение обо мне было, в общем, ошибочно, но я его понимаю.

— Одна сторона этого вопроса не давала мне покоя, — сказал я, — труднообъяснимая чисто психологически, если хотите. Я не сомневался, что то описание Саши Вольфа, которое сделал Владимир Петрович, соответствовало действительности. И вот как этот же самый Саша Вольф, партизан и авантюрист, мог написать «I'll Come Tomorrow»?

Он очень невесело улыбнулся, одними губами.

— Саша Вольф, конечно, не написал бы «I'll Come Tomorrow», я думаю, что он вообще ничего бы не написал. Но его давно не существует, а книгу эту написал другой человек. Я полагаю, что следует верить в судьбу. И если так, то нужно считать, — с такой же классической наивностью, — что вы были ее орудием. Тогда совпадает все: случайность, выстрел, ваши шестнадцать лет, ваш юношеский глазомер и вот эта самая, — он тронул меня ниже плеча, — недрогнувшая рука.

Я невольно подумал о том, как дико звучат его слова: мы сидели в русском ресторане, из кухни слышался шум посуды и раздраженный голос повара:

— Я ей говорил — шницеля главное, на шницеля упор.

— Вы говорите, что помните все, как будто это было вчера. Я тоже помню все. Я думал, когда вы поднялись после вашего падения и стояли так неподвижно, что вы оцепенели от страха. Вы не испугались тогда?

104

— Кажется, нет. Сперва я был оглушен, потом я вообще не очень отчетливо понимал то, что происходило, мне смертельно хотелось спать, и все мои усилия уходили на борьбу с этим желанием. Я, кроме того, вообще не боюсь смерти, вернее, жизнь никогда не казалась мне особенно ценной.

— Между тем это единственная ценность, которую нам дано знать.

Я с удивлением посмотрел на него. В его устах такая фраза звучала особенно неожиданно.

— Я понял это, когда умирал, лежа на дороге. В те минуты это было ясно для меня, ясно до ослепительности. Но потом я никогда не мог восстановить этого чувства — и оттого, что я его не восстановил, я превратился в автора этой книги. Я всегда ждал, всю жизнь, что вдруг случится нечто совершенно непредвиденное, какое-то невероятное потрясение, и я вновь увижу то, что я так любил раньше, этот теплый и чувственный мир, который я потерял. Почему я его потерял, я не знаю. Но это произошло именно тогда. Я не могу вам сказать, как это было страшно, это исчезновение всего, в чем я жил, — эта дорога, это солнце и ваши сонные глаза надо мной. Я думал, что вы давно погибли. Мне было вас жаль, вы были моим спутником — и вот вы провалились в какую-то пропасть лет и расстояния, и я был единственным человеком, видевшим ваш отъезд. Если бы я мог говорить тогда, я закричал бы вам, что надо остановиться, что она вас ждет, как она ждала меня, и что второй раз она не промахнется. И, как видите, я бы ошибся. Если бы вы знали, сколько раз я вспоминал о вас! Мне хотелось вернуть время назад. Мне хотелось, чтобы на моей совести не было вашей смерти и чтобы я не сделал вас убийцей в свою очередь.

— И я тоже вспоминал об этом, — сказал я. — Я дорого дал бы за то, чтобы все эти годы меня не преследовал ваш призрак.

— Как все условно! — сказал Вольф. — Вы были убеждены, что убили меня, я был уверен, что вы погибли по моей, в конце концов, вине, и мы оба были не правы. Но какое это имеет значение, я хочу сказать, правы или не правы, когда вы провели столько лет в напрасном сожалении и я — в ожидании возвратного чуда? Кто нам вернет это время и кто изменит вашу или мою судьбу? И как вы хотите, чтобы после этого можно было верить в какие-то наивные иллюзии?

— Можно знать, что все иллюзии напрасны и что утешения, в конце концов, нет. Но, во—первых, это ничему не помогает, и, во—вторых, если мы не способны ни к одной, хотя бы самой незначительной иллюзии, то тогда нам остается только то, что вы называете прекращением ритма. И так как мы еще существуем, то, может быть, не все потеряно.

Вольф молчал некоторое время, опустив голову и подперев ее обеими руками, как ученик над трудной задачей. Когда он поднял на меня свои глаза, в них опять стояло то почти страшное выражение, которое появилось в первый раз после того, как я ему сказал, что я стрелял в него. Но то, как он обратился ко мне, странно не вязалось с ним.

— Милый друг, — сказал он, — знаете, зачем я приехал в Париж?

Какое признание мог еще сделать этот человек?

— От моего пребывания здесь зависит решение одной сложной психологической проблемы, имеющей двойной интерес: личный, что важнее всего, и отвлеченный, что тоже не лишено значения.

— Извините меня за нескромность: в какой степени это решение зависит от вас лично?

— Всецело.

— Тогда это не проблема.

— Un cas de conscience[27], если хотите. Но нет большего соблазна, чем соблазн заставить события идти так, как вы хотите, не останавливаясь для этого ни перед чем.

— И если это оказывается невозможным?..

— Тогда остается уничтожить причину, которая вызывает эти события. Это одна из форм решения, правда, наименее желательная.

Я вышел из ресторана тотчас же вслед за ним. Я видел, как он остановил такси, видел, как он садился в автомобиль, и слышал, как мягко, со всхлипывающим звуком, хлопнула дверца. Был теплый майский день, светило солнце; было около пяти часов пополудни.

Я вернулся домой и сел за письменный стол, но не мог работать. Я закрыл глаза — и передо мной появилось изменившееся лицо лондонского издателя. — Конечно, нужно принять во внимание исключительные обстоятельства и ваш тогдашний возраст. Но если бы ваш выстрел был более точен... — «Beneath me lay my corpse with the arrow in my temple»... Я опять с необыкновенной ясностью увидел эту дорогу и лес, это было здесь, в моей комнате, дойдя до меня через побежденное пространство, отделявшее меня в данный момент от далекого юга России. Мне было искренне жаль Вольфа. «Тот мир, который я потерял не знаю почему». Да и потом эта

---

[27] Дело совести (фр.).

утешительная философия; мы проходим каждый день через космические катастрофы, — но несчастье в том, что космические катастрофы оставляют нас равнодушными, а малейшее изменение в нашей собственной, такой незначительной, жизни вызывает боль или сожаление, и с этим ничего нельзя поделать. «Кто нам вернет это время?» Никто, конечно, но если бы это чудо случилось, то мы бы очутились в чьей-то чужой и далекой жизни, и неизвестно, была ли бы она лучше нашей. Впрочем, что значит лучше? Жизнь, которая нам суждена, не может быть другой, никакая сила не способна ее изменить, даже счастье, которое того же порядка, что представление о смерти, так как заключает в себе идею неподвижности. Вне неподвижности нет счастья — того самого, которого какой-то восточный властелин не мог найти «ни в книгах премудрости, ни в хребте коня, ни на груди женщины». Леночка могла бы сказать: «Потом, когда мы расстанемся с тобой и у меня будет другой любовник...» Может быть, она ничего не расскажет ему обо мне, может быть, лаконично заметит: «В это время у меня был роман с одним человеком» — и эта фраза будет заключать в себе все те ночи, когда она мне принадлежала, разгоряченное ее лицо, ее груди, сдавленные в моих объятиях, гримаса в последнюю минуту и все, что этому предшествовало, — потом будут еще чьи-то объятия и тот же голос с теми же интонациями, в сущности, почти безличными, потому что она так говорила со мной, а до этого с другими, и это, наверное, звучало одинаково искренне всегда: какое богатство чувственных возможностей и какая бедность выражения! Да, конечно, самая прекрасная девушка не может дать больше, чем она имеет. И чаще всего она имеет столько, сколько у нас хватает душевной силы создать и представить себе, — и поэтому Дульцинея была несравненна. Еще один обман — если считать, что действительность более права, чем воображение. И Леночка, может быть, не заслуживает моего порицания: что мне мешает думать, что она всегда будет принадлежать только мне, что она никого не любила, кроме меня, а если думала, что любила или будет любить, то это чудовищная и совершенно явная ошибка, даже если она этого не понимает? И даже если неизбежен уход и неизбежна измена, то вот в какой-то промежуток времени все, что составляет ее сущность, принадлежит мне, и это самое главное, потом будут только обрывки, которые достанутся другим, и эти другие никогда уже не будут знать того, что она дала мне, всего душевного и физического богатства, которое я получил от нее, как дар, — и после этого что еще могло у нее остаться? Я вдруг почувствовал ее так близко от себя, что у меня появилось абсурдное желание повернуть голову и посмотреть, не здесь ли она; я так ясно ощущал запах ее духов, движение ее тела под платьем, мне казалось, что я вижу ее глаза и слышу эту внезапно падающую интонацию ее голоса, которую удержала навсегда моя благодарная память. Я любил ее больше, чем кого бы то ни было, и, конечно, больше, чем себя, и вот, раз в жизни, в силу этого жадного чувства я приблизился бы к евангельскому идеалу — если бы Евангелие говорило о такой любви. «Вспомните, что Христос был неизменно печален». И вот опять призрак Александра Вольфа. В авторе «I'll Come Tomorrow» было нечто, на чем мне не хотелось остановиться. Надо, однако, дойти до конца. Я чувствовал себя бесконечно виноватым перед ним. Да, несомненно. Но все-таки я два раза заметил в его глазах это страшное выражение: сначала, когда он узнал, что это я стрелял в него, и поднялся из—за стола, и потом, когда он сказал мне «милый друг». В конце концов, тогда, в России, это он скакал за мной на своем белом жеребце и, собственно, я должен был оказаться жертвой, а не он. И затем, недаром он все возвращался в своих разговорах к этому мгновенному и насильственному прекращению ритма, непременно мгновенному и насильственному.

Да, конечно. Именно он был носителем все той же неистребимой и непобедимой идеи. Английский писатель, автор «той книги», призрак Александра Вольфа, этот всадник на апокалипсическом белом коне, человек, лежавший тогда, после моего выстрела, на дороге, — этот человек был убийцей. Он, может быть, этого не хотел, он был, казалось бы, слишком умен и слишком культурен, чтобы этого хотеть. Но он не мог не знать эту безличную притягательность убийства, которую так отдаленно и теоретически знал и я и с которой началась история мира — в тот день, когда Каин убил своего брата. Вот почему мое воображение так упорно возвращалось к нему все эти годы. Воспоминание о нем неизменно связывалось с представлением об убийстве, тем более трагическим, что от него нельзя было уйти, так как эта идея была облечена в форму двойной неизбежности: нести с собой смерть или идти ей навстречу, убить или быть убитым; ничем другим нельзя было остановить то слепое движение, которое олицетворял собой Александр Вольф. И это вообще было одно из самых непреодолимых представлений, заключавших в себе одновременно вопрос и ответ, потому что во все времена люди отвечали на убийство убийством, будь это война или суд присяжных, столкновение чувств или интересов, возмездие или справедливость, нападение или защита.

В чем была соблазнительность именно этой формы преступления — независимо от того, как это понималось или какие внешние причины или побуждения вызывали его? В этих нескольких секундах насильственного прекращения чьей-то жизни заключалась идея невероятного, почти нечеловеческого могущества. Если каждая капля воды под микроскопом есть целый мир, то каждая человеческая жизнь содержит в себе, в своей временной и случайной оболочке, какую-то огромную вселенную. Но даже если отказаться от этих преувеличенных — как под микроскопом — представлений, то все же остается другая очевидность. Всякое человеческое существование связано с другими человеческими существованиями, те в свою очередь связаны со следующими, и когда мы дойдем до логического конца этой последовательности взаимоотношений, то мы приблизимся к сумме людей, населяющих громадную площадь земного шара. Над каждым человеком, над каждой жизнью висит постоянная угроза смерти во всем ее бесконечном разнообразии: катастрофа, крушение поезда, землетрясение, буря, война, болезнь, несчастный случай — какие-то проявления слепой и беспощадной силы, особенность которых заключается в том, что мы никогда не можем заранее определить минуты, когда это произойдет, этот мгновенный перерыв в истории мира. «Ибо не ведаете ни дня, ни часа...» И вот тому из нас, у кого хватит душевной силы на преодоление страшного сопротивления этому, вдруг дается возможность стать на какое-то короткое время сильнее судьбы и случая, землетрясения и бури и точно знать, что в такую-то секунду он остановит ту сложную и длительную эволюцию чувств, мыслей и существований, то движение многообразной жизни, которое должно было бы раздавить его в своем неудержимом ходе вперед. Любовь, ненависть, страх, сожаление, раскаяние, воля, страсть — любое чувство и любая совокупность чувств, любой закон и любая совокупность законов — все бессильно перед этой минутной властью убийства. Мне принадлежит эта власть, и я тоже могу стать ее жертвой, и если я испытывал ее притягательность, то все остальное, находящееся вне пределов этого представления, мне кажется призрачным, несущественным и неважным, и я не могу уже разделять того интереса ко множеству незначительных вещей, которые составляют смысл жизни для миллионов людей. С той минуты, что я знаю это, мир для меня становится другим и я не могу жить, как те, остальные, у которых нет ни этой власти, ни этого понимания, ни этого сознания необыкновенной хрупкости всего, ни этого ледяного и постоянного соседства смерти.

Это было простым логическим выводом из той своеобразной философии, отрывки которой мне излагал Вольф, проявлением той идеи неподвижности, совершенно для меня неприемлемой, но против которой можно было бороться только ее же оружием; и применение этого способа борьбы невольно приближало ко мне зловещий и мертвый мир, призрак которого преследовал меня так давно. Что можно было еще противопоставить этой философии и почему каждое ее слово вызывало у меня внутренний и неизменный протест? Я тоже знал и чувствовал всю хрупкость так называемых положительных концепций, и я тоже знал, что такое смерть, но я не испытывал ни страха перед ней, ни ее притяжения. Было нечто трудноопределимое, что не позволяло мне дойти до конца в этой тягостной области понимания последних истин. Я так напряженно думал об этом, что мне даже начало казаться, будто я слышу какой-то приближающийся шум, так, точно он должен был, усиливаясь, дойти до меня. Мне казалось, что я знаю ответ на этот вопрос и знал его всегда и он был настолько естественен и очевиден, что у меня никогда — в последнюю минуту — не могло бы возникнуть сомнения в том, каким именно он должен был быть. Но сейчас, сегодня, в эту минуту — я не мог его найти.

Я вынул папиросу и зажег спичку, которая вспыхнула и моментально погасла, оставив после себя запах недогоревшего фосфора. И тогда я ясно увидел перед собой густые деревья сада в медном свете луны и седые волосы моего учителя гимназии, который сидел рядом со мной на изогнутой деревянной скамье. Была ранняя осень и ночь. Утром следующего дня начинались мои выпускные экзамены. Я работал весь вечер и потом вышел в сад. Когда я проходил по длинному гимназическому коридору, товарищи, которых я встретил, сказали мне, что час тому назад одна из наших учительниц, молодая женщина двадцати четырех лет, покончила с собой. В саду я увидел учителя, сидевшего на скамейке. Я сел рядом с ним, достал папиросу, зажег спичку, — и вот тогда, как теперь, она сразу потухла, и я почувствовал тот же самый запах.

Я спросил его, что он думает о смерти этой женщины и о жестокой несправедливости ее судьбы, если можно применить к таким понятиям, как судьба и смерть, наши привычные слова—жестокий, печальный, незаслуженный. Он был очень умный человек, быть может, самый умный из всех, кого я когда—либо знал, и замечательный собеседник. Даже люди замкнутые или озлобленные чувствовали по отношению к нему необыкновенное доверие. Он никогда не злоупотреблял ни в малейшей степени своим огромным — душевным и культурным — превосходством над другими, и поэтому говорить с ним было особенно легко.

Он сказал мне тогда, между прочим:

— Нет, конечно, ни одной заповеди, справедливость которой можно было бы доказать неопровержимым образом, как нет ни одного нравственного закона, который был бы непогрешимо обязателен. И этика вообще существует лишь постольку, поскольку мы согласны ее принять. Вы спрашиваете меня о смерти. Я бы сказал — о смерти и всех ее бесчисленных проявлениях. Я беру смерть и жизнь условно, как два противоположных начала, охватывающих, в сущности, почти все, что мы видим, чувствуем и постигаем. Вы знаете, что закон такого противопоставления есть нечто вроде категорического императива: вне обобщения и противопоставления мы почти не умеем мыслить.

Это было не похоже на то, что он говорил нам в классе. Я слушал его, не пропуская ни одного слова.

— Я устал сегодня, — сказал он, — надо идти спать. А вы занимались, готовились к экзамену? Я бы хотел быть на вашем месте.

Он поднялся со скамейки; я встал тоже. Листья были неподвижны, в саду стояла тишина.

— У Диккенса где-то есть одна замечательная фраза, — сказал он. — Запомните ее, она стоит этого. Я не помню, как это сказано буквально, но смысл ее такой: нам дана жизнь с непременным условием храбро защищать ее до последнего дыхания. Спокойной ночи.

И вот теперь я так же встал с кресла, как тогда со скамьи, на которой сидел рядом с ним, и повторял эти слова, которые как-то особенно значительно звучали сейчас:

— Нам дана жизнь с непременным условием храбро защищать ее до последнего дыхания.

* * *

И в эту минуту затрещал телефон. Я снял трубку. Голос Елены Николаевны спросил:

— Куда ты пропал? Я по тебе соскучилась. Что ты сейчас делаешь?

И после того, как я услышал первый звук этого голоса, привычно измененный телефоном, я сразу забыл все, о чем только что думал, — так мгновенно и глубоко, точно этого никогда не существовало.

— Я встаю с кресла, — сказал я. — В левой руке я держу телефонную трубку. Правой рукой я кладу в карман пиджака папиросы и спички. Затем я смотрю на часы: теперь без пяти шесть. В четверть седьмого я буду у тебя.

Мы пообедали рано, часов в семь. Она была в легком летнем платье, мы сидели в ее комнате и пили чай с необыкновенно вкусным шоколадным тортом, который приготовила Анни; он трещал и таял во рту, и в нем был очень приятный оттенок какой-то неуловимой пряности.

— Как ты находишь торт?

— Замечательный, — сказал я. — В нем, однако, есть что-то негритянское, но, так сказать, приятно негритянское, вроде каких-то отдаленных отзвуков их пения.

— Ты впадаешь в лиризм только при очень определенных обстоятельствах.

— Можно узнать, какие это обстоятельства?

— О, это очень несложно. Есть две вещи, к которым ты всегда неравнодушен: это, во—первых, еда, во—вторых, женщины.

— Спасибо за лестное мнение. Можно тебе выразить в таком случае сочувствие по поводу твоего выбора?

— Я тебе не сказала, что нахожу эти черты отрицательными.

Я был пьян от ее присутствия, и это, наверное, было в моих глазах, потому что она заметила мне:

— Какой ты нетерпеливый, какой ты жадный! Тебе необходимо держать меня именно так, обхватив рукой мое тело и сжимая мне ребра?

— Когда мне будет шестьдесят лет, Леночка, я буду думать о тщете всего земного и о неверности чувств. Я думаю об этом иногда даже теперь.

— Наверное, тогда, когда отсутствуют именно те обстоятельства, при которых проявляется твоя склонность к лирике.

Я замечал в ней новую черту, которой не было в начале нашей с ней близости: она нередко дразнила меня, но всегда по-товарищески, без какого бы то ни было желания сказать мне что-нибудь действительно неприятное. Может быть, это происходило оттого, что ее заражало мое ироническое отношение ко многим вещам и она невольно впадала в этот тон. Кроме того, мне казалось несомненным, что она понемногу обретала ту душевную свободу и ту непосредственность, отсутствие которых было так очевидно раньше.

Я предложил ей поехать за город на несколько дней; она тотчас же согласилась. Утром следующего дня мы выехали на автомобиле из Парижа, и в течение целой недели, без определенного назначения, мы путешествовали на расстоянии ста или ста пятидесяти километров от города. Однажды, когда неожиданно оказалось, что в резервуаре больше не оставалось бензина, мы вынуждены были ночевать в лесу, в автомобиле. Была гроза с сильным дождем, и при свете молнии я видел, сквозь забрызганные стекла машины, деревья, обступавшие нас со всех сторон. Елена Николаевна спала, скорчившись на сиденье и положив мне на колени свою теплую и тяжелую голову. Я сидел и курил; и когда я опускал на секунду оконное стекло, чтобы стряхнуть пепел с папиросы, в мои уши врывался трепещущий звук бесчисленных капель по листьям; пахло землей и мокрыми стволами деревьев. Где-то недалеко с влажным хрустом ломались маленькие ветки, потом дождь стихал на минуту, затем снова блестела молния, гремел гром и опять струи воды с прежней силой начинали стучать по крыше автомобиля. Я боялся двинуться, чтобы не разбудить Елену Николаевну, мои глаза слипались, и голова откидывалась назад, и я думал, засыпая и тотчас же просыпаясь, о многих вещах одновременно и прежде всего о том, что как бы ни сложилась в дальнейшем моя жизнь и какие бы события ни случились, я запомню навсегда эту ночь, голову женщины на моих коленях, этот дождь и то состояние полусонного счастья, которое я ощущал тогда. По давней привычке задерживать каждое мое чувство и стараться его понять я все искал, откуда и почему я так давно и так слепо знал, что однажды я испытаю это счастье и что в нем даже не будет ничего неожиданного, точно это законная, естественная вещь, которая всегда была мне суждена. И тогда же мне пришла мысль, что если бы я захотел понять это все и найти где-то в далеком пространстве ту воображаемую минуту, с которой это началось, если бы я захотел выяснить до конца, как это произошло, и почему это стало возможно, и как теперь я оказался летом, в лесу, ночью, под дождем с женщиной, о существовании которой я ничего не знал еще несколько месяцев тому назад и вне которой, однако, сейчас я не мог бы представить себе свою жизнь, мне нужно было бы потратить годы труда и утомительных усилий памяти, и я мог бы написать об этом, наверное, несколько книг. Этот ровный шум дождя, это ощущение головы, лежавшей на моих коленях, — и мои мускулы уже начали привыкать к отпечатку этой круглой и нежной тяжести, которую они испытывали, — это лицо, на которое я смотрел в темноте, точно наклоняясь над своей собственной судьбой, и это незабываемое ощущение блаженной полноты, — как, в конце концов, это было возможно? За свою жизнь я видел столько трагического или отвратительного, я столько раз видел измену, трусость, отступничество, алчность, глупость и преступление, я был настолько отравлен всем этим, что, казалось, я не был уже способен почувствовать нечто, в чем было бы хотя бы отдаленное отражение хотя бы кратковременного совершенства. В эти часы я был далек от сомнений, которые обычно меня не покидали, от неизменного ощущения печали, от насмешки, — в общем, от того, что составляло сущность моего постоянного отношения ко всему, что со мной происходило. Мне казалось, если бы не было того, что было теперь, то жизнь моя была бы прожита даром, и это всегда будет так, что бы ни случилось потом.

Я никогда не ощущал этого с такой ясностью, как в ту ночь; я не мог не отдавать себе отчета в том, что этой особенной чистоты ощущений в моей жизни не было никогда. Все было сосредоточено — в этот промежуток времени — на одной—единственной мысли; и хотя она заключала в себе все, что я знал и думал, и все, что предшествовало именно этому промежутку времени, в ней, конечно, был тот элемент неподвижности, о котором говорил Вольф. В конце концов, он, может быть, был прав: если бы мы не знали о смерти, мы не знали бы и о счастье, так как, если бы мы не знали о смерти, мы не имели бы представления о ценности лучших наших чувств, мы бы не знали, что некоторые из них никогда не повторятся и что только теперь мы можем их понять во всей их полноте. До сих пор это не было нам суждено, потом будет слишком поздно.

Это, в частности, было одной из причин, которые побуждали меня не рассказывать Елене Николаевне историю Вольфа. Я вовсе не собирался ее скрывать, наоборот, я неоднократно думал, как именно я ее расскажу. Но в эти дни мне не хотелось, чтобы в тот мир, в котором мы жили, вошло нечто чуждое и враждебное ему. Я полагаю, что Елена Николаевна думала так же, как я, потому что за всю неделю она не вспомнила о «свидании с призраком», о котором я ей говорил.

Я неоднократно вспоминал о том, что если бы я записал за

это время все мои разговоры с Еленой Николаевной, то получился бы какой-то непонятный вздор, обидный по отсутствию мысли. Он сопровождал те переливы чувств, которые были характерны для этого периода и вне которых для нас ничто не существовало и все окружавшее казалось забавным или смешным — узоры обоев в гостиницах, где мы ночевали, лица горничных или хозяек, или меню обедов, или костюмы наших соседей по столу, или те совершенно незначительные вещи, которые их занимали, — потому что единственные вещи, имевшие действительно важное значение, знали только мы двое, и больше никто.

Мы вернулись в Париж ровно через неделю. Меня ждала спешная работа, в которой Елена Николаевна, по обыкновению, приняла деятельное участие. Первый день прошел как всегда. Но когда она разбудила меня на следующее утро, меня поразило выражение тревоги, которое, как мне показалось, промелькнуло несколько раз в ее глазах. Затем она ответила мне невпопад — чего с ней никогда не случалось до сих пор.

— Что с тобой?

— Ничего, — ответила она. — Это может быть глупо, но мне хотелось спросить у тебя одну вещь.

— Да?

— Ты меня действительно любишь?

— Мне так казалось.

— Мне это хотелось выяснить.

— Сколько тебе лет?

— Нет, правда, это важно знать.

Я расстался с ней, как обычно, поздно ночью, она жаловалась, что устала, и сказала, что завтра придет ко мне только в четыре часа дня.

— Хорошо, — сказал я, — тебе будет полезно отдохнуть.

* * *

Я сразу заснул крепким сном, но очень скоро проснулся. Затем я задремал опять — и через час снова открыл глаза. Я не мог понять, что со мной, я даже подумал, не отравился ли я чем—нибудь. Я испытывал нечто похожее на беспричинную тревогу, тем более непонятную, что для нее действительно не было, казалось бы, никаких оснований. Но сон решительно бежал от меня, и в шестом часу утра я встал. Таких вещей со мной не случалось много лет.

Убедившись окончательно в том, что я больше не засну, я выпил чашку черного кофе, принял ванну и начал бриться. Из зеркала на меня смотрело мое лицо; и хотя я видел его каждое утро моей жизни, я все не мог привыкнуть к его резкой некрасивости, как я не мог привыкнуть к чужому и дикому взгляду моих собственных глаз. Когда я думал о себе, о чувствах, которые я испытывал, о вещах, которые, как мне казалось, я так хорошо понимал, я представлял себе самого себя чем-то почти отвлеченным, так как иное, зрительное воспоминание мне было тягостно и неприятно. Самые лучшие, самые лирические или самые прекрасные видения тотчас же исчезали, едва я вспоминал о своем физическом облике, — настолько чудовищно было его несоответствие с тем условным и сверкающим миром, который возникал в моем воображении. Мне казалось, что не может быть большего контраста, чем тот, который существует между моей душевной жизнью и моей наружностью, и мне казалось иногда, что я воплощен в чьей-то чужой и почти ненавистной оболочке. Я спокойно переносил вид своего голого тела, в сущности, нормального, на котором все мускулы двигались послушно и равномерно и были расположены именно так, как нужно; это было обыкновенное и невыразительное тело без излишней худобы и без лишнего жира. Но там, где начиналось лицо, это переходило в нечто настолько противоположное тому, каким оно должно было, казалось бы, быть, что я отводил от зеркала этот взгляд чужих глаз и старался об этом не думать. И теперь, после бессонной ночи, это неприятное ощущение было еще сильнее, чем обычно.

Я только что кончил одеваться и собирался сесть за работу, как вдруг в моей комнате раздался телефонный звонок. Я с удивлением посмотрел на часы; было без двадцати шесть. Я не понимал, кто мне мог звонить так рано. После некоторого колебания я снял трубку. Совершенно пьяный голос, в котором, однако, я уловил какие-то знакомые интонации, сказал:

— Доброе утро, моя дорогая.

— Что это за история?

— Ты меня не узнаешь?

Это был мужчина, которому хотелось, чтобы его приняли за женщину, — и тогда я действительно узнал этот голос. Он принадлежал одному из моих товарищей по газетной работе, очень милому и очень беспутному человеку. Время от времени он напивался буквально до потери рассудка, и это почти всегда сопровождалось неправдоподобными историями: то он хотел ночью ехать с визитом к какому-то сенатору, который будто бы его приглашал на днях, то отправлялся на place de la Bourse посылать телеграмму своей тетке, жившей в Лионе, о том, что он совершенно здоров, «вопреки распространяемым о нем слухам».

— Как ты, наверное, догадался, — продолжал он более или менее связно, — я встретил товарища, который меня пригласил... Одетт, не дергай меня, пожалуйста, я вполне трезв.

Одетт была его жена, очень спокойная и неглупая женщина. Через секунду я услышал ее голос, — она, по-видимому, отобрала у него трубку.

— Здравствуйте, — сказала она, — этот пьяный дурак звонил вам по делу.

— Скажи ему, что это замечательный матерьял.

— Это дело в том, что ваш протеже, курчавый Пьеро, будет вот—вот арестован. Филип на допросе сказал все, что мог. Андрей, — это был ее муж, — настолько пьян, что не способен ни к чему. Матерьял для статьи действительно замечательный. Я знаю, что вы не любите гангстерских историй и мелодрам. Вы говорите, что это плохая литература? Я бы вас не беспокоила, но речь идет о нашем хорошем знакомом. Поезжайте к Жану; я бы на вашем месте захватила револьвер. Да, на всякий случай.

— Спасибо, Одетт, — сказал я, — считайте, что я перед вами в долгу. Я еду.

— Хорошо, — ответила она, и аппарат щелкнул.

Жан, к которому я должен был ехать, был инспектор полиции, я его знал довольно давно, и у меня с ним были хорошие отношения. Он обладал удивительным даром перевоплощения — или, вернее, был жертвой своеобразного раздвоения личности. Когда он вел свою профессиональную работу и допрашивал, например, очередного клиента, его шляпа всегда была сдвинута на затылок, папироса была в углу рта и он говорил отрывисто, односложно и почти исключительно на арго. Но как только он обращался к следователю или журналисту, он мгновенно менялся и превращался в человека с явно светскими претензиями: — Если вы соблаговолите дать себе труд предварительно, так сказать, проанализировать некоторые из тех данных... — Надо было полагать, что это именно он допрашивал Филипа, который был правой рукой курчавого Пьеро. Судя по всему, через некоторое время полицейский автомобиль должен был выехать в Севр, где скрывался Пьеро, и на этот раз ему вряд ли удастся уйти. Я задумался на минуту, потом снял трубку и позвонил. Я помнил, что телефон стоял у постели Пьеро. Через секунду раздраженный женский голос спросил:

— В чем дело?

— Позовите Пьеро, — ответил я. — Скажите ему, что звонят с улицы Лафайет.

Это было условное название.

— Его нет, он еще не вернулся. Филип пропал с позавчерашнего утра, я не знаю, что думать.

— Филип выдал все, — сказал я. — Постарайтесь найти Пьеро где бы то ни было и во что бы то ни стало и предупредите его. Скажите ему, чтобы он не возвращался домой. Через час будет поздно.

Затем я повесил трубку, достал из письменного стола револьвер, проверил, заряжен ли он — он был заряжен, — положил его в карман пиджака и вышел из дому. Потом я взял такси и поехал к Жану.

Все это отвлекло меня от той душевной тревоги, которую я испытывал, и, сидя в автомобиле, я думал теперь об участи «курчавого Пьеро», «Pierrot le frise», которого я хорошо знал и которого мне было жаль, хотя, с точки зрения классического правосудия, он, казалось бы, не заслуживал никакого сожаления: он был профессиональным грабителем и на его совести было несколько человеческих жизней. Я познакомился с ним лет шесть тому назад, после того как он застрелил первую свою жертву, бывшего боксера Альберта. Я тогда случайно попал в кафе — это было часа в четыре утра, — где находился его негласный штаб, о чем я не имел ни малейшего представления. Я сидел за столиком и писал. У стойки орали и ссорились пьяные люди, потом вдруг наступила мертвая тишина и кто-то — я ничего тогда еще не знал о нем — сказал с необыкновенной выразительностью и с неожиданной, после этих ревущих голосов, которые напоминали рычание разъяренных зверей, человеческой интонацией:

— Ты хочешь, чтобы с тобой случилось то, что с Альбертом?

Ответа не последовало. Я продолжал писать, не поднимая головы. Кафе опустело.

— Они испугались, — сказал тот же голос. — А это кто?

Речь шла обо мне.

— Не знаю, — ответил хозяин. — Первый раз вижу.

Я услышал шаги, приближавшиеся к моему столику, поднял глаза и увидел человека среднего роста, очень плотно сложенного, с бритым мрачным лицом; он был в светло—сером костюме и синей рубашке с ярко—желтым галстуком. Меня удивило жалобное выражение его глаз, объяснявшееся, по-видимому, тем, что он был пьян. Он встретил мой взгляд и спросил без всякой подготовки:

— Что ты здесь делаешь?

— Пишу.

— А? Что же ты пишешь?

— Статью.

— Статью?

— Да.

Это его, казалось, удивило.

— Ты, значит, не из полиции?

— Нет, я журналист.

— Ты меня знаешь?

— Нет.

— Меня зовут курчавый Пьеро.

Тогда я вспомнил, что несколько дней тому назад в двух газетах были заметки о смерти боксера Альберта, судившегося четырнадцать раз и многократно сидевшего в разных тюрьмах. Заметки были озаглавлены «Драма среди преступников» и «Сведение счетов»; там упоминалось еще о какой-то женщине, из—за которой будто бы все это произошло. «Полиция почти не сомневается, что виновник этого преступления — Пьер Дьёдоннэ, по прозвищу "курчавый Пьеро", который сейчас усиленно разыскивается. По последним сведениям, он успел покинуть Париж и находится, вероятнее всего, на Ривьере».

И вот этот самый Пьеро стоял передо мной, в кафе на бульваре St. Denis.

— Ты, значит, не уехал на Ривьеру?

— Нет.

Потом он сел против меня и задумался. Через несколько минут он спросил:

— О чем ты, собственно говоря, пишешь вообще?

— О чем придется, о самых разных вещах.

— А романов ты не пишешь?

— До сих пор не писал, но, может быть, когда-нибудь напишу. Почему это тебя интересует?

Мы разговаривали с ним так, точно нас давно связывали дружеские отношения. Он спросил, как моя фамилия и в каких газетах я работаю. Потом сказал, что при случае может мне рассказать много интересного, пригласил меня как-нибудь зайти в это же кафе, и мы с ним расстались.

Потом я встречался с ним еще много раз, и он действительно рассказал мне интересные вещи. Нередко случалось, что, благодаря его откровенности, я располагал сведениями, которыми не располагала полиция, так как его

119

осведомленность в определенной области была исключительной. Он был, несомненно, человек незаурядный, у него был природный ум, и этим он резко выделялся среди своих «коллег», которые чаще всего отличались столь же несомненной глупостью. Он так же, как большинство его товарищей по ремеслу, отчаянно играл на скачках и читал каждый день газету «Veine»[28], но, кроме этого, он иногда читал книги, и в частности романы Декобра, которые ему очень нравились.

— Вот это написано! — говорил он мне. — А? Что ты скажешь?

Мне всегда казалось, что он плохо кончит, — не только потому, что его ремесло было само по себе чрезвычайно опасным, но и по иной причине: его все тянуло к каким-то для него незаконным, в сущности, вещам, и он понимал разницу между теми интересами, которыми он жил, и теми, которыми жили другие, бесконечно от него далекие люди.

Он как-то приехал на «бюгати» красного цвета; он был в новом светло—коричневом костюме, со своим любимым желтым галстуком, и все те же кольца блестели на его пальцах.

— Как ты все это находишь? — спросил он меня. — В таком виде я могу ехать на прием в посольство, как те типы, о которых пишут в газетах? А? «Мы заметили...»

Я отрицательно покачал головой; это его удивило.

— Ты находишь, что я плохо одет?

— Да.

— Я? Ты знаешь, сколько я заплатил за костюм?

— Нет, но это неважно.

Я никогда не думал, что моя отрицательная оценка его манеры одеваться способна так его огорчить. Он сел против меня и сказал:

— Объясни мне, почему ты находишь, что я одет не так, как нужно?

Я объяснил ему, как мог. Он был очень озадачен. Я прибавил:

— Кроме того, только по тому, как ты одет, тебя очень легко отличить. Какой-нибудь тип, у которого есть известный опыт, — ты понимаешь, — ему не нужно знать тебя в лицо или спрашивать у тебя бумаги. Только по твоему костюму, галстуку и кольцам он будет знать, с кем имеет дело.

— А мой автомобиль?

— Это гоночная машина. Зачем она тебе в городе? Их мало,

---

[28] «Удача» (фр.).

они все наперечет. Возьми среднюю машину темного цвета, на нее никто не обратит внимания.

Он сидел молча, подперев голову рукой.

— Ты что? — спросил я.

— Меня переворачивает, когда ты так говоришь, — сказал он. — Я начинаю понимать то, что не нужно понимать. Ты говоришь, что книги, которые мне нравятся, плохие книги. Ты в этом знаешь больше, чем я. Я не могу разговаривать с тобой как равный, потому что у меня нет образования. Я низший человек, je suis un inférieur[29], вот в чем дело. И, кроме этого, я бандит. И другие люди выше меня.

Я пожал плечами. Он внимательно на меня посмотрел и спросил:

— Скажи мне откровенно: ты думаешь так же, как я?

— Нет, — сказал я.

— Почему?

— Ты, конечно, бандит, — сказал я, — ты не так одеваешься, как, может быть, следовало бы, и тебе не хватает известного образования. Все это верно. Но если ты думаешь, что какой-нибудь известный человек, о котором ты читаешь в газетах, банкир, министр, сенатор, лучше тебя, это ошибка. Он работает, и прежде всего — меньше рискует. Ему говорят «господин председатель» или «господин министр». Он иначе — и лучше — одет, и у него, конечно, есть некоторое образование, хотя тоже далеко не всегда. Но как человек он не лучше тебя, так что ты можешь не волноваться. Не знаю, утешает ли это тебя, но это, по-моему, так.

Пьеро очень любил женщин, и большинство его «счетов», которые так трагически кончались, бывали именно из—за женщин.

— Может быть, из—за них-то ты когда-нибудь и погибнешь — peut—être bien, tu mourras par les femmes[30], — сказал я ему. — И главное, из—за таких, которые этого не стоят.

Это было нетрудно предвидеть. И то, что теперь, когда я подъезжал в такси к конторе Жана, местопребывание Пьеро стало известно тем, от кого его было нужнее всего скрыть, — этим он был тоже обязан женщине.

Его положение было безвыходным. За последнее время его деятельность стала особенно бурной, грабежи следовали за грабежами, и в полиции, наконец, подняли на ноги всех, от кого можно было ожидать какой-нибудь помощи в его деле.

---

[29] низший человек (фр.).

[30] может быть, погибнешь из-за женщин (фр.).

121

Женщина, из—за которой все это произошло, была женой Филипа, помощника Пьеро. Филип был огромный мужчина, совершенный Геркулес, не боявшийся, по его собственным словам, ничего и никого на свете, кроме своего патрона, который был знаменит тем, что стрелял без промаха.

Эту женщину, которая недавно стала любовницей Пьеро, — я думаю, что инспектор Жан именно поэтому и добился признаний Филипа, — я видел несколько раз. С тем неизменным дурным вкусом, который отличал всю среду, в которой она жила, ее прозвали Пантерой. У нее были огромные, дикие глаза синего цвета под синими же ресницами, туго вьющиеся черные волосы, которым никогда не нужна была никакая прическа, очень большой рот с крупными, всегда густо накрашенными губами, маленькая грудь и гибкое тело, — и я никогда не видел более свирепого существа. Она кусала своих любовников до крови, визжала и царапалась, и кажется, никто не слышал, чтобы она когда-нибудь говорила спокойным голосом. Недели три тому назад она бросила Филипа и ушла к Пьеро — и это она ответила мне по телефону, когда я позвонил в Севр, перед тем как ехать к инспектору Жану.

Когда я вошел к нему, он сидел на стуле в своей сдвинутой шляпе. Против него, поставив локти на колени, сидел Филип в наручниках. У него было бледное и грязное лицо со следами засохших струй пота. От него вообще сильно пахло потом, он был очень грузен, в комнате было душно и жарко. Жан говорил ему:

— На этот раз довольно. Ты хорошо сделал, что был откровенным. Если бы ты молчал, я бы недорого дал за твою шкуру. Теперь ты посидишь немного в тюрьме, и больше ничего. Для человека с твоим здоровьем это пустяки.

Я посмотрел на Филипа, он опустил глаза. Двое полицейских его вывели.

— Я предполагаю, — сказал Жан, обращаясь ко мне, — и льщу себя надеждой, что вы разделяете мое предположение... я предполагаю, что Пьеро спит сейчас сном праведных. Насколько ходячие выражения бывают всегда условны! Наши общие друзья мне звонили, что вы хотели бы поехать с нами. Не так ли?

— Да, — сказал я, — меня ждет такси.

— Мы выезжаем через пять минут.

Было около семи часов утра, когда полицейский автомобиль остановился в нескольких метрах от маленького особняка, в котором жил Пьеро. Ставни его были затворены.

Утреннее солнце, уже горячее, освещало неширокую улицу. В этот ранний час было очень тихо.

Я остановил такси позади полицейской машины и вышел, хлопнув дверцей. Меня давила вялая и тяжелая тоска. Я представил себе Пьеро, одного — потому что на помощь своей любовницы он не должен был, конечно, рассчитывать — в этом закрытом и темном доме, из которого он не мог уйти. Из невысокого бокового окна можно было, правда, выпрыгнуть в маленький садик, примыкавший к дому, но вдоль его решетки стояли полицейские. Никакое бегство в этих условиях не было возможно.

Полицейских было шесть человек. На всех лицах было одно и то же смешанное выражение мрачности и отвращения. Я чувствовал, как мне казалось, что мое лицо выражало то же самое.

Один из полицейских постучал в дверь и крикнул, чтобы отворили.

— Отойдите в сторону, — сказал Жан, — он может выстрелить.

Но выстрела не последовало. Я начал надеяться, что Пьеро, может быть, успели предупредить. После слов инспектора наступила напряженная тишина, за которой чувствовалось в темном доме присутствие притаившегося человека с его страшным револьвером в руке. Его репутацию стрелка знали все полицейские.

— Пьеро, — сказал Жан, — предлагаю тебе сдаться. Ты нас избавишь от тяжелой работы. Ты знаешь, что ты не можешь уйти.

Ответа не было. Прошла еще минута томительного молчания.

— Я повторяю, Пьеро, — сказал Жан, — сдавайся.

И тогда из этой тишины раздался голос, при первых звуках которого я почувствовал холод в спине. Это был тот же непостижимо спокойный и человечески выразительный голос Пьеро, который я так хорошо знал и который сейчас казался мне особенно страшен, потому что через несколько минут — если бы не произошло чуда — он должен был замолкнуть навсегда. И то, что в этом голосе слышалась свежая сила молодого и здорового человека, казалось невыносимо тягостно.

— Все равно, — сказал он. — Если я сдамся, меня ждет гильотина. Я бы хотел умереть иначе, je voudrais mourir autrement[31].

---

[31] мне бы хотелось умереть иначе (фр.).

То, что последовало за этим, произошло с неправдоподобной быстротой. Я услышал, как затрещали ветки в саду, затем раздался выстрел и один из полицейских, стоявших у решетки, грузно рухнул на землю. Я видел, как Пьеро вскарабкался на эту решетку — ему мешал револьвер, который он держал в руке, потом спрыгнул с нее уже на улицу, и в эту секунду выстрелы затрещали со всех сторон. Никто из полицейских, кроме того, который был убит возле решетки, не был ранен, это казалось мне удивительным. Они все бросились к тому месту, где упал Пьеро. Я понял потом, почему ни один из них не пострадал: первая же пуля попала Пьеро в руку, в которой он держал револьвер, и размозжила ему пальцы. Он лежал буквально в луже крови, я никогда не думал, что у человека столько крови. Но он еще хрипел. Полицейские стояли вокруг него. Я подошел вплотную. Что-то булькало не то в горле, не то в легких Пьеро. Потом это бульканье прекратилось. Глаза Пьеро встретили мой взгляд, и тогда раздался его хрип:

— Спасибо. Было слишком поздно.

Я не знаю, как у него хватило силы это сказать. Я стоял неподвижно и слышал, как стучат мои зубы от бессильного волнения, бешенства и внутреннего нестерпимого холода.

— Вы предупредили его? — спросил меня Жан.

Я молчал несколько секунд. Пьеро дернулся в последний раз и умер. Тогда я сказал:

— Я думаю, что он бредил.

* * *

Труп Пьеро был увезен. Полицейские уехали. Двое мужчин в рабочей одежде пришли с тачкой песка и засыпали лужу крови на мостовой. Солнце уже стояло высоко. Я расплатился с шофером такси и пошел пешком по направлению к Парижу.

Я не переставал ощущать душевную тошноту и тупую печаль; по временам мне становилось холодно, хотя день был почти жаркий. На следующее утро статья о Пьеро должна была появиться в газете. «Трагический конец курчавого Пьеро». Я представил себе редактора и его всегда возбужденное лицо и услышал еще раз его хриплый и отчаянный голос: — Половина успеха — это заглавие. Оно хватает читателя. Это уж ваше дело потом не отпустить его до конца. Никакой литературы. Понятно? — Вначале, когда я его мало знал и когда я от него зависел, я с досадой пожимал плечами. Потом я понял, что он был по-своему прав и что литература в газетных статьях была действительно неуместна.

Как я это делал очень часто, я вошел в первое сравнительно приличное кафе, потребовал бумаги и кофе и, куря папиросу за папиросой, начал статью о Пьеро. Я, конечно, не мог ее написать так, как мне хотелось бы ее написать, и сказать в ней то, что мне хотелось бы сказать. Вместо этого я подробно описывал солнечное утро в мирном предместье Парижа, особняки на тихих улицах и эту неожиданную драму, которой предшествовала такая бурная жизнь Пьеро. Я не мог, конечно, не посвятить несколько строк Пантере, воспоминание о которой не вызывало у меня ничего, кроме отвращения. Я писал о Филипе, о баре на Boulevard St. Denis, о биографии Пьеро, которую он мне рассказывал, прибавляя через каждую минуту:

— Ты себе это представляешь?

Потом я вошел в телефонную кабинку и позвонил инспектору Жану:

— Вы не узнали ничего нового?

— Ничего особенного. Пантера, впрочем, уверяет, что сегодня рано утром ей кто-то телефонировал и настаивал, чтобы она предупредила Пьеро.

— Почему же она этого не сделала?

— Она говорит, что Пьеро вернулся домой буквально за минуту до того, как мы приехали.

— Это мне кажется неправдоподобным, слишком уж удивительное совпадение. Я даже не знаю, стоит ли упоминать об этом в статье. Кстати, ваша роль там подчеркивается особенно. Нет, нет, я не мог это обойти молчанием.

Я повесил трубку, задумался на несколько минут и, преодолевая отвращение, прибавил четыре строки о «таинственном телефонном звонке».

Когда я кончил статью и отвез ее в редакцию, было уже около двенадцати часов дня. Я так скверно себя чувствовал, то состояние угнетенности, которое я испытал еще ночью, во время бессонницы, так усилилось, что я почти не замечал ничего происходившего вокруг меня. По привычке, не думая ни о чем, кроме этого тягостного чувства, я вошел в небольшой ресторан, недалеко от Boulevard Monmartre. Но едва я взял в рот первый кусок мяса, я вдруг увидел перед собой труп Пьеро, и в эту секунду мне буквально ударил в нос тот сильный запах пота, который исходил от Филипа в конце его допроса. Я сделал необыкновенное усилие, чтобы удержать мгновенный позыв к рвоте. Потом я выпил немного воды и ушел из ресторана, сказав удивленной хозяйке, что я плохо себя чувствую и что у меня судороги в желудке.

Был жаркий день, улицы были полны народа. Я шел, как пьяный, безрезультатно стараясь избавиться от невыносимого ощущения тоски и какого-то чувственного тумана, через который я все не мог пройти. Я шагал, бессознательно вбирая в себя весь этот шум и не отдавая

себе отчета в его точном значении. Время от времени тошнота опять подходила к горлу, и тогда мне казалось, что не может быть вообще ничего более трагического, чем эта толпа людей в солнечный полдень на парижских бульварах и все, что происходит сейчас, и что я только теперь понимаю, как давно и как смертельно я устал. Я думал, что хорошо было бы сейчас лечь и заснуть — и проснуться уже по ту сторону этих событий и этих чувств, которые мне не давали покоя.

И вдруг я вспомнил, что в четыре часа Елена Николаевна должна была прийти ко мне. Она была единственным человеком, которого я хотел бы видеть сейчас. И я решил не ждать ее и просто поехать к ней. Но даже тогда, когда я поднимался по ее лестнице, эта тупая и тяжелая тоска не оставляла меня. Я, наконец, подошел к ее квартире, достал ключи и с беспокойством отворил дверь. Я не отдавал себе отчета в причине этого особенного беспокойства, но я понял ее, едва распахнув дверь: из комнаты Елены Николаевны слышались очень повышенные голоса. Я испытал чувство вялого ужаса, не успев подумать о том, чем это могло быть вызвано. Но времени думать у меня уже не было. До меня донесся отчаянный крик Елены Николаевны; неузнаваемый, страшный ее голос кричал:

— Никогда, ты слышишь, никогда!

Я бежал как во сне по коридору, который вел к ее комнате. В углу я увидел серое от страха лицо Анни, но я вспомнил об этом только позже. Я не знал, я думаю, в ту минуту, что я давно держу в руке револьвер. Вдруг я услышал грохот и звон разбитого стекла; за ним последовал выстрел и второй крик, в котором не было слов и который был похож на судорожно втягиваемый звук: а!., а!., а!.. Но я был уже у полуотворенной стеклянной двери, с порога которой я увидел Елену Николаевну, стоявшую у окна, и вполоборота к ней силуэт мужчины, который так же, как и я, держал револьвер. Не поднимая руки, почти не целясь, на таком расстоянии нельзя было промахнуться, — я выстрелил в него два раза подряд. Он повернулся на месте, потом выпрямился и тяжело рухнул на пол.

Несколько секунд я стоял неподвижно, и все мутно качалось передо мною. Я заметил, однако, кровь на белом платье Елены Николаевны: она была ранена в левое плечо. Как я узнал потом, она, защищаясь, бросила в стрелявшего стеклянную вазу почти одновременно с тем, как он нажал на курок, и этим объяснялось отклонение его пули.

Он лежал теперь во всю длину своего тела, разбросав руки; голова его была почти у ее ног. Я сделал шаг вперед, наклонился над ним, и вдруг мне показалось, что время заклубилось и исчезло, унося в этом непостижимо стремительном движении долгие годы моей жизни.

С серого ковра, покрывавшего пол этой комнаты, на меня смотрели мертвые глаза Александра Вольфа.

ТОВАРИЩ БРАК

> Но, как вино — печаль минувших дней
> В моей душе чем старе, тем сильней.
>
> Пушкин

Мне всегда казалось несомненным, что Татьяне Брак следовало родиться раньше нашего времени и в иной исторической обстановке. Она провела бы свою жизнь на мягких кроватях девятнадцатого века, в экипажах, запряженных лубочными лошадьми, на палубах кораблей под кокетливыми белыми парусами. Она участвовала бы во многих интригах, имела бы салон и богатых покровителей — и умерла бы в бедности. Но Татьяна Брак появилась лишь в двадцатом столетии и поэтому прожила иначе; и с ее биографией связано несколько кровавых событий, невольным участником которых стал генерал Сойкин, один из самых кротких людей, каких я только знал.

В те времена, когда Татьяна Брак начинала свою печальную карьеру, ей было восемнадцать лет, и мы любовались ее белыми волосами и удивительным совершенством ее тела. Она была внебрачной дочерью богатого еврейского банкира и жила в квартире своей матери, маленькой, седой женщины с нежными глазами. В квартире всегда бывало темновато; пустые, мрачные картины висели на синих обоях, чернело тусклое дерево рояля, на тяжелых этажерках поблескивали золоченые корешки книг. Мать Татьяны давала уроки музыки и французского языка.

Когда Татьяне Брак пошел девятнадцатый год и ее глаза вдруг приобрели смутную жестокость, мы увидели, что липкие ковры разврата уже стелются под ее ногами. Мы не ошиблись: однажды Татьяна вернулась домой гораздо позже полночи, и мы узнали, что она провела время сначала в ресторане «Румыния», потом в гостинице «Европа» — в обществе коммерсанта Сергеева. Были все основания опасаться последствий ее знакомства с Сергеевым. Об этом нас предупредил генерал Сойкин, атлетический человек тридцати четырех лет; ни в какой армии он тогда не служил и вообще не был военным: генерал было его прозвище. Мы — состояли из

128

трех человек: сам Сойкин, его приятель Вила, бывший учитель гимназии, и я.

Я бы не сумел вполне точно определить причины, связавшие наше существование с жизнью Татьяны Брак. В этом вопросе мы не соглашались с Вилой, единственным из нас, склонным к рассуждениям и анализу. Он говорил, что существуют типы женщин, сумевших воплотить в себе эпоху, — и что в Татьяне Брак мы любили гибкое зеркало, отразившее все, с чем мы сжились и что нам было дорого. Кроме того, утверждал Вила, мы любили в Татьяне Брак ее необыкновенную законченность, ее твердость и определенность, непостижимым образом сочетавшиеся с женственностью и нежностью. «Это все не то, — говорил генерал, — не в этом дело, Вила».

Я знаю, однако, что генерал Сойкин любил Татьяну какой-то необыкновенной, деликатной любовью — и знаю также, что Татьяна Брак никогда этого не подозревала. Любовь генерала не была похожа на обычные романы развязных молодых людей: мысль о возможности обладания Татьяной, наверное, привела бы его в ужас. Генерал любил Татьяну потому, что его бескорыстная натура, наталкивавшаяся в жизни только на обижавшую его грубость и давку, обрела в Татьяне Брак какой-то сентиментальный оазис. Генерал был всю жизнь влюблен в музыку, пел романсы и играл на мандолине. И он понимал, что и его застенчивая детская скромность, и романсы, и дешевая мандолина — не нужны, может быть, никому; но когда Татьяна, у которой мы часто бывали в гостях, просила его спеть еще что—нибудь, ему вдруг начинало казаться, что и он, генерал, он тоже недаром существует на свете. И за непомерную радость, которую он испытывал в такие минуты, он отдал бы все, что имел.

Вила был человеком совершенно неопределенного типа. Он был довольно образован, но у него никогда не было ни своих убеждений, несмотря на любовь к философствованию, ни даже привычек, — ничего решительно из того, чем один человек отличается от другого. Единственным его качеством было органическое отсутствие страха, да еще, пожалуй, необыкновенная, инстинктивная способность ориентации: я не представляю себе, чтобы Вила мог где-нибудь заблудиться или чего-нибудь не найти. С генералом Сойкиным его связывала пятилетняя дружба и какая-то давняя история, о которой ни генерал, ни он не любили распространяться. Во всяком случае, он следовал за генералом повсюду: и в визитах к Татьяне Брак он тоже был нашим неизменным спутником.

И наконец: не была ли Татьяна Брак самой блистательной героиней нашей фантазии? Мы были заворожены зимой и необычностью нашей жизни; мы были готовы к каким угодно испытаниям, мы не ценили ни нашей безопасности, ни нашего спокойствия; и за каменной фигурой генерала мы пошли бы защищать Татьяну Брак так же, как поехали бы завоевывать Австралию или поджигать Москву.

И с другой стороны: что же было оберегать генералу? У него не было ни домов, ни земель, ни денег, была только мандолина, купленная по случаю, и печаль, освещенная керосиновой лампой.

Но только потом мы попытались объяснить нашу любовь к Татьяне Брак: в прежние, лучшие времена мы не могли думать об этом. И в тот момент, о котором я пишу, нас занимала одна мысль — как избавить Татьяну от коммерсанта Сергеева.

Никто не знал, почему он коммерсант и что он продает: большую часть времени он проводил с женщинами, в театре, в оперетке, в загородных шантанах; на него указывали, как на участника нескольких очень неблаговидных дел, но он был чрезвычайно скользким человеком, и прямо обвинить его было невозможно. Женщинам он очень нравился, я думаю, потому, что говорил приторно—сладким тенором, имел длинные ресницы и питал непреодолимую любовь к цитатам из Игоря Северянина. При ближайшем знакомстве оказывалось, что он глуповат, но какой-то особенной, претенциозной и кокетливой, какой-то, я бы сказал, не русской глупостью. В делах же и в трудных обстоятельствах он был неумолимо, по-зверски жесток: рассказывали, что одной из своих любовниц он сжег волосы на теле — и в течение двух недель она не могла передвигаться.

Хотя мы хорошо знали, что Татьяна Брак очень не любит советов, мы все же послали к ней Виду с поручением предупредить ее об опасности встреч с Сергеевым. Татьяна не дослушала его доказательств — и почти выгнала Вилу из дому.

— Нет, — сказал он, вздыхая. — Это исключительно храбрая девушка. Она даже венерических болезней не боится. Знаешь, генерал, так ничего не выйдет. Ты лично переговори с Сергеевым.

— Хорошо, я переговорю лично, — задумчиво ответил генерал.

Этот день был вообще одним из самых неудачных в жизни Сергеева. Один его дальний родственник, маленький, злобный, обтрепанный горбун, приехал к нему с требованием денег;

иначе он не уйдет. Сергеев всегда избегал трат, но в этом случае тупое упорство урода вывело его из себя.

— Я тебя из окна выброшу, — тихо и яростно сказал он горбуну. Тот захныкал:

— Конечно, убогого недолго выбросить! Дай денег!

Сергеев дал ему денег; затем он отхлестал карлика по щекам — и карлик с распухшим лицом, выйдя на улицу, начал бросать камни в окно Сергеева и разбил стекла, а когда обезумевший от гнева Сергеев выскочил из подъезда, горбун пустился удирать, быстро оборачиваясь всем телом, чтобы взглянуть на преследователя, показывая ему язык и отплевываясь во все стороны. Карлик бежал с необыкновенной быстротой; он производил впечатление уродливого и страшного животного. Сергеев не стал за ним гнаться.

Каким-то непонятным путем Вила узнал, что накануне Сергеев назначил Татьяне свидание в девять часов вечера в том же ресторане «Румыния». Мы считали, что это свидание не должно состояться, и в восемь часов генерал Сойкин отправился для личных переговоров с Сергеевым. Сергеев сидел в комнате с разбитыми стеклами, кутался в шубу, мерз и злился на весь свет. На генерала после нескольких слов он набросился с кулаками, но сейчас же пожалел об этом, так как кроткий обычно генерал, возлагавший надежды на свои дипломатические таланты и менее всего склонный применять способы физического воздействия, внезапно рассвирепел и сделался страшен. Он перебил многочисленные вазы с цветами, стоявшие в комнате Сергеева, переломал стулья, раздробил зеркало, сорвал ковры, висевшие на стенах, и выбросил их в окно. Сергеева он чуть не задушил: он долго таскал его по опустошенной комнате, и осколки ваз врезались в тело Сергеева; он встряхивал его и в отчаянии бросал на пол — и когда через полчаса он выходил из комнаты, Сергеев безмолвно лежал на спине, открыв рот с золотыми зубами. Генерала Сойкина встретили соседи Сергеева по меблированным комнатам, где все это происходило: они были вооружены бутылками, палками и другими, более или менее увесистыми предметами, предназначавшимися для сокрушения генерала. Генерал быстро отступил, запер за собой дверь, вылез через окно и убежал. К нам он явился с очень расстроенным видом.

Вообще вся жизнь Сойкина состояла из сплошных разочарований. В принципе он был пацифистом: не выносил драк, презирал людей, пускающих в ход кулаки, и больше всего на свете любил вежливые разговоры и мандолину. В идиллической республике гуманизма он был бы самым образцовым гражданином. Но подобно многим другим, — подобно Татьяне Брак, например, — он попал в обстановку, совсем не соответствующую его безобидным вкусам. На него постоянно нападали, кто-то обижался, кто-то в пьяном виде пытался сводить с ним счеты — и мирный Сойкин был вынужден отвечать на удары ударами; а так как он обладал исключительной физической силой, то это всегда плохо кончалось. Изредка, впрочем, генерал, отчаявшийся в упорном нежелании людей разрешать все конфликты вежливыми разговорами и игрой на мандолине, — генерал, доведенный до исступления этой зверской косностью, вдруг приходил в неукротимое бешенство — и тогда к нему боялись приблизиться даже очень храбрые люди. Каждый раз после этого он, придя домой, вздыхал, жалобно чмокал губами и играл самые минорные мотивы.

Так случилось и на этот раз. Мы ждали генерала в его квартире: квартира генерала находилась непосредственно над бюро похоронных процессий, чем генерал не переставал огорчаться; квартиру же генерал ценил потому, что хозяин дома был несколько ненормальным человеком. Он заключил с одним из своих знакомых такое пари: в течение года он не будет требовать с квартирантов платы, и непременно найдется хоть один человек, который все-таки будет платить. Хозяин не ошибся: таким человеком оказался генерал, который после этого почувствовал себя необыкновенно обязанным хозяину и считал, что он не вправе съезжать, тем более что, кроме генерала, не платил решительно никто, даже владелец бюро похоронных процессий, заработавший большие деньги на эпидемии испанской болезни.

Сокрушенно покачивая головой и разводя руками, генерал сообщил нам, что попытка договориться с Сергеевым путем вежливого диалога потерпела самый ужасный крах. Ссадины на руках генерала свидетельствовали об этом с непререкаемой точностью. «В "Румынию", однако, он не придет», — мрачно сказал генерал.

— До чего все-таки сволочь народ, — сочувственно отозвался Вила. — Приходят к нему поговорить, а он с кулаками. В морду такого человека, совершенно ясно.

Вместо Сергеева, надолго лишенного возможности назначать свидания, в ресторан «Румыния» отправились мы. Татьяна Брак уже сидела за столиком, на диване; бра с желтым абажуром освещало ее прекрасные волосы и верхнюю часть тела. Она была в платье с большим декольте. Кутили с

132

проборами, блистательно пересекающими легкие головы, несколько раз подходили к столику

Татьяны Брак, но, увидя нахмуренное лицо генерала, конфузились, пятились задом, цепляясь за стулья, и уходили. Татьяну Брак корчило от злобы и ожидания, но стыд сковывал ее движения.

— Посмотрите, — сказал Вила, — вот: любовь играет человеком.

— Что ты путаешь? — меланхолически спросил генерал. — Судьба играет человеком, а не любовь. А еще учителем был — вот и видно, что ты недобросовестно относился к своим обязанностям. Ты что преподавал?

— Географию, — сказал Вила. — И историю в младших классах. Ты напрасно говоришь, генерал, что я недобросовестно относился. Конечно, если ты играешь на мандолине, то ты должен знать «Горел—шумел пожар московский». А спроси я тебя, где Антильские острова, так ты скажешь, — в Костромской губернии.

— Антильские не Антильские — один черт, — сказал генерал.

— Конечно, при таком пессимизме...

И в эту минуту мы заметили, что за столик Татьяны Брак сел неизвестный человек в галифе. Вила укоризненно посмотрел на генерала. Неизвестный человек что-то быстро говорил Татьяне, она улыбалась.

— Чисто работает, — сказал я, набравшись храбрости.

Вила подозвал лакея, всунул ему в руку бумажку и попросил на ухо передать собеседнику Татьяны, что одна очень интересная дама с вуалью просит его на минутку в приемную. В приемную пошел генерал, и через несколько секунд после него явился собеседник Татьяны. Он поглядел на красный матовый бархат портьер, оглянулся несколько раз и уже собрался уходить, когда его остановил генерал.

— Простите, пожалуйста, милостивый государь, — сказал генерал, вознаграждая себя этим вежливым обращением за избиение Сергеева и искренно наслаждаясь собственной деликатностью. — Прошу извинения, что, не будучи вам представленным, имею дерзость к вам адресоваться.

— Это вы — интересная дама с вуалью? — спросил, гордо улыбаясь, неизвестный человек.

— Да, и если бы вы соблаговолили меня извинить...

— Что вам нужно? — нетерпеливо сказал неизвестный человек.

Генерал покраснел, но сдержался.

133

— Вы не могли бы говорить несколько мягче? — просительно сказал он. — Я хотел к вам обратиться с просьбой покинуть столик той девушки, с которой вы разговаривали. Видите ли, я вам откровенно скажу: это очень честная и глубоко порядочная девушка. Ведь вы на ней не женитесь? А я против таких легких связей, знаете.

— А вы, собственно, кто такой?

— Вы уклоняетесь от темы, — возразил генерал. — Ведь важен, главным образом, принцип. А детали — что? Детали совершенно несущественны.

— Вы, должно быть, пьяны?

— Вы не совсем правы. Я, если позволите, вполне трезв.

— Тогда вы идиот и хам, — сказал собеседник генерала, — я вас научу не вмешиваться в чужие дела. — Собеседник генерала размахнулся. Генерал побледнел, поймал на лету размахнувшуюся руку, потом поднял неизвестного человека на воздух, открыл дверь и вынес его на улицу.

— Я с вами разговаривал, как с человеком, — сказал он, заглядывая в изумленное лицо собеседника. — Но если вы не умеете понимать, вы должны чувствовать. — Генерал попытался вспомнить, как это будет по-немецки, но память ему изменила. — Я вас предупреждаю: если вы не оставите этой девушки и не уйдете через десять минут из ресторана, то вы об этом будете жалеть всю вашу жизнь. Вы поняли?

На этот раз неизвестный человек понял, и едва генерал успел вернуться к столику, он уже ушел.

— И этот, как все другие, — вяло сказал генерал. — Когда же наконец люди станут порядочнее?

Этот вечер кончился благополучно. Татьяна Брак пошла домой. Мы шли за ней по крепкому, хриплому снегу, через облака белой ледяной пыли. Ветер с шуршанием осыпал фонари со вздрагивающим пламенем; в длинной галерее печальных белых огней двигалось несколько черных фигур мимо медленно уплывающих многоэтажных каменных льдин.

Спустя много лет генерал Сойкин мне говорил, что самым значительным обстоятельством, повлиявшим на Татьяну Брак, он считает чисто атмосферные условия — температуру двадцати градусов ниже нуля, сухую морозную зиму и необыкновенную чистоту ледяного воздуха, характерную для этого периода времени.

— Теперь, — сказал, — когда утекло чрезвычайно много воды, мы можем об этом свидетельствовать вполне беспристрастно.

Может быть, генерал был прав. Во всяком случае, черный

силуэт Татьяны Брак, идущей между белыми фонарями, остался для нас одним из самых убедительных, самых прекрасных образов нашей памяти. «Я не забыл, — сказал я генералу, — я никогда не смогу забыть, что это все случилось зимой в нашем городе. Ты помнишь, генерал, что даже романс "чуть позабудешься ночью морозною", который ты играл на мандолине и который, конечно, не выдерживает критики здесь, на непоэтическом Западе, казался нам тогда исполненным глубокого значения. Тогда мы вообще были лучше, генерал. Вспомни эти необыкновенные снежные пирамиды деревьев, эти лампы ресторанов, где собирались спекулянты, этот разреженный и острый ветер свободы и духовые оркестры революции, которые тебе, как музыканту, должны быть особенно близки. Конечно, этот романтизм исчез совершенно бесследно — и, пожалуй, только Татьяна Брак могла бы вновь воскресить перед нами эти пустыни поэзии, в синей белизне которых нам не перестает слышаться торжественная музыка того времени. Но Татьяна Брак, к сожалению, погибла — и ты предпочитаешь свою мандолину, генерал?

— Нет, почему же мандолину? — сказал генерал. — Я даже, если хочешь знать, предпочитаю рояль.

— Да, рояль тоже неплохая вещь. Ты помнишь, кто хорошо играл на рояле, генерал?

— Лазарь Рашевский?

Я кивнул головой. Лазарь Рашевский и был человеком, погубившим Татьяну Брак. Мы никогда не отрицали его достоинств: храбрости, ораторских данных и больших музыкальных дарований. Но нам была органически противна его длинная, худая, гибкая фигура, необыкновенно тонкие и липкие пальцы, быстрые, обезьяньи, отвратительные движения. Генерал не мог примириться с его жестокостью, резкими, язвительными замечаниями и полным нежеланием признавать правила вежливости. Вила презирал его за недостаточное знание истории, и у меня, в свою очередь, тоже были причины недолюбливать Лазаря: я не мог ему простить готовности подчинения нелепой точности политической доктрины. Правда, судьба была к нему немилосердна: зимой тысяча девятьсот девятнадцатого года по приказу генерала Сивухина он был повешен как махновский шпион на железнодорожном мосту станции Синельниково. Но о его гибели и мужественном поведении в белом плену нам только потом рассказал Вила.

Лазарь Рашевский, которого тогда не знал никто из нас, познакомился с Татьяной Брак на политическом митинге, где он выступал в качестве защитника анархизма. Татьяна не объясняла, почему он ей понравился, но когда мы однажды пришли к ней, мы увидели Лазаря, который сидел в кресле с таким видом, точно в доме Брак он бывает по крайней мере лет десять. Мы переглянулись.

— Товарищ Брак, — сказал Лазарь; голос у него был очень резкий: букву «р» он сильно картавил. — Я забыл вам сказать, что я думаю: у вас роковая фамилия. И кроме того, «товарищ Брак» звучит как парадокс. — Татьяна ничего не ответила. Глаза Лазаря остановились на рояле. — А, вы занимаетесь музыкой? Хорошо играете? Я тоже хорошо играю.

— Ну, сыграйте, — недоверчиво сказал молчавший до сих пор генерал. Лазарь сел за рояль, и мы услышали такую музыку, какой еще никогда не слыхали. Генерал растерянно моргал глазами — и когда потом Татьяна попросила его спеть что-нибудь под мандолину, он, пренебрегая даже своей вежливостью, обычно совершенно безукоризненной, отказался самым категорическим образом.

В первый же день нашего нового знакомства мы узнали все, что можно было узнать о Лазаре. Он был анархистом—террористом, долго жил во Франции и только несколько недель тому назад приехал в Россию. Здесь он собирался устраивать организацию товарищей для борьбы с властями и экспроприаций. Надо отдать должное его энергии; в десять дней организация была создана, откуда-то Лазарь достал пулеметы, и, к нашему удивлению, стало известно, что товарищ Брак выбрана секретарем «восьмой секции Всероссийской партии анархистов—террористов».

Глубокой декабрьской ночью боевая дружина восьмой секции выехала на главную улицу, затем свернула вправо и стала подниматься вверх, к аристократическому кварталу города. Дружина была вооружена винтовками, револьверами и двумя пулеметами. Она состояла из десяти человек, и впереди отряда, рядом с Лазарем Рашевским, неловко вцепившимся оледенелыми пальцами в гриву лошади, ехала товарищ Брак. Тень черного знамени влачилась по уезженному снегу.

По постановлению исполнительного комитета, экспроприировали денежные запасы анонимного общества банка «Кернер и К°». Когда на подводы уже кончали грузить добычу, мы услышали отчаянную стрельбу. Мы в это время сидели в квартире генерала Сойкина и очень мирно разговаривали. Услыхав выстрелы, мы вышли на улицу. Пулеметы били в полквартале от нас, за углом, и раньше, чем мы успели сделать несколько шагов, мимо нас проскакала на лошади Татьяна Брак. Оторопев, мы глядели ей вслед. Стрельба не прекращалась. Еще через минуту пробежал Лазарь Рашевский с револьвером в руке. Затем послышался топот, усиленные выстрелы, и, наконец, все стихло. Мы пошли туда, откуда доносился этот шум.

У дверей анонимного общества четыре человека стояли и смотрели на двух убитых милиционеров, — хотя смотреть было нечего: оба были мертвы. На снегу виднелись многочисленные следы подков. Дело объяснялось просто: милиция, спешившая к банку, чтобы арестовать анархистов, была встречена пулеметным огнем. Два милиционера были убиты, четыре ранены, и анархисты, все до одного, не только ускользнули, но и увезли с собой все экспроприированное.

* * *

С тех пор имя товарища Брак стало известным. Через несколько дней после ограбления анонимного общества была совершена еще одна экспроприация, опять с человеческими жертвами. При нас о товарище Брак рассказывали легенды, рисовавшие ее самыми мрачными красками. Ее мать плакала целыми днями. Таня все не возвращалась домой, — и об ее местопребывании никто из нас решительно ничего не знал. Тогда за розыски товарища Брак взялся Вила, обладавший собачьим чутьем. Он три дня шатался по городу, после этого он пришел к нам и рассказал, что Татьяны он не нашел, но узнал, где бывает Лазарь.

— Такая, знаешь, конспирация, — сказал Вила генералу. — Прямо смешно. Ну, а Лазаря можно увидеть в паштетной бывшего Додонова.

Паштетную бывшего Додонова мы знали хорошо. Ее держал переплетчик Ваня, молчаливый и подозрительный человек. Но последние три недели паштетная была закрыта, сам Ваня пропал неизвестно куда — и мы очень удивились: — А, она опять открылась? — В тот же вечер мы пошли туда.

Паштетной мы не узнали. Из обыкновенного притона с грязной клеенкой на столах и графинами, засиженными мухами, она превратилась в чистенький ресторан с претензиями на восточный стиль. Мы вошли, огляделись и увидели человек восемь посетителей, которых мы знали всех — и о которых, ни обо всех вместе, ни о каждом в отдельности, никто бы не мог сказать ничего хорошего. Лазаря не было.

Мы сели за столик и заказали бутылку лимонаду, на что

субъект, больше похожий на восточного фокусника, чем на лакея, с головой, обмотанной зеленой тряпкой, и с темным лицом, испещренным оспой, — презрительно фыркнул прямо в физиономию Вилы. Генерал переглянулся с Вилой и наступил на ногу лакея, придавив его ступню с такой силой, что темное лицо под зеленой материей побагровело от боли. Вила, откачнувшись на стуле, ткнул лакея кулаком в живот: лакей согнулся вдвое и выронил поднос, впрочем, совершенно пустой. Ваня невесело улыбнулся, глядя из—за своей стойки.

— Надо, голубчик, с гостями вежливее быть, — мягко сказал генерал. — Заказывают лимонад, значит, лимонад. А эти идиотские пофыркивания надо оставить, это неприлично.

Лакей ушел неверной походкой. Посетители посмотрели на генерала, но промолчали.

Через пять минут пришел Лазарь. «Товарищ Рашевский! — закричал генерал. — Можно вас на два слова?» И генерал объяснил Лазарю, что мать товарища Брак очень убивается; хорошо было бы, если бы Татьяна съездила бы домой: он, генерал, гарантирует неприкосновенность товарища Брак. Лазарь сморщился, точно раскусил лимон, и ответил:

— Я не могу разрешить этого товарищу Брак. Знаете, товарищ, этот глупый сентиментализм надо оставить. Мать, потом брат, потом сват... Я не могу этого разрешить.

— Пожалуйста, я вас очень прошу, — настаивал генерал.

— Я сказал нет, значит, нет.

— Ну, тогда, — сказал генерал, — я вас не отпущу до тех пор, пока товарищ Брак не навестит свою мать.

Лазарь засмеялся — и хотел встать из—за стола. Но генерал удержал его:

— Нет, товарищ Рашевский, вы так не уйдете. — Лицо Лазаря стало серьезным. Он резко рванулся со стула, но рука генерала не разжималась. — Еще есть выход, — сказал генерал. — Проводите нас к товарищу Брак, мы с ней поговорим.

— Это я могу сделать, — ответил Лазарь.

Мы вышли с черного хода паштетной, пересекли улицу и попали в освещенный шестиэтажный дом с множеством квартир. На третьем этаже Лазарь остановился, отпер ключом дверь и пригласил нас войти. В гостиной, на диване, сидели две женщины и двое мужчин, — и мы издали увидели белые волосы товарища Брак.

Через полчаса Татьяна, закутанная в шубу, выходила из своей комнаты.

— Вы куда? — спросил Лазарь.

— Я скоро вернусь.

— Я не разрешаю вам.

— Я не просила у вас разрешения.

Лазарь, дерзкий на язык и быстрый в ответах, смутился на этот раз:

— Простите.

И мы приехали на старую квартиру Татьяны Брак. Мать ее плакала от радости, целовала Татьяну без конца и упрекала:

— Ты меня пожалей, Танечка, ведь я же по тебе плакать буду. Ну, для чего мне жить, если тебя не станет?

— Не могу, мама, — сказала Таня, — нужно так, ничего не поделаешь.

Лицо матери скрылось в морщинах, она тихо заплакала. Генерал нахмурился, рассеянное отчаяние выразилось в его глазах. Вила глотал слюну, я смотрел в темное окно: невероятные узоры мороза искрились передо мной; из щели повеяло холодом.

— Ну, Христос с тобой, Танечка, — проговорила мать.

На обратном пути, подпрыгивая в санях, генерал много раз начинал:

— Ах, товарищ Таня... ах, товарищ Таня... — но от волнения так ничего и не сказал.

— Поговорил, нечего сказать, — насмешливо пробормотал Вила.

Генерал разъяренно повел на него глазами, но Вила быстро отскочил.

— Твое счастье, — сказал генерал, успокаиваясь. — Пойми, Вила, жалко.

Потом боевая дружина анархистов—террористов покинула наш город. Это совпало с приходом войск красной армии. Они появились в белом утреннем тумане, после пустынной, выжидающей ночи, наводнили город мохнатыми, заиндевевшими шкурами лошадей, плоскими носами солдат, красными звездами комиссаров и накрашенными лицами проституток, высыпавших на улицы в этот поздний для проституток час. Полки пестро одетых людей проходили мимо заколоченных магазинов; гордые знаменосцы волокли на плечах тонкие палки с кусками красной материи; торжествующие офицеры, с расплывающимися от удовольствия лицами, шагали вне строя, по тротуару, и любезно улыбались чувствительным взглядам горничных, кокоток, торговок с красными руками и хриплыми глотками. В городе шла суетливая толкотня: через несколько часов было ревизировано много зданий, застучали на машинках легионы девушек, представлявших из себя идеальное соединение ленточек губ, веселеньких носиков и глазок и всякого усердия в службе пролетариату и интернационалу, этим загадочным иностранным словам, в которых, впрочем, ремингтонистки не обязаны разбираться. Это была армия советских святых: мы с генералом любили ее за бездумность, за непонимание многих вещей, за то блаженное неведение и душевную простоту, которые служат контрамарками для входа в гигантские цирки царства небесного. Вила, более требовательный, презрительно называл ремингтонисток половыми функциями государственного аппарата. Город покашлял, повздыхал — и вновь зажил прежней жизнью; но мы уже не могли обрести нашего спокойствия: товарища Брак с нами не было.

Она ехала в это время на своей лошади, рядом с Лазарем Рашевским, по снежным дорогам — на юг. Вила сообщил нам об этом, так как один из его знакомых рабочих сказал ему, что отряд товарища Брак выехал из города в ночь на первое января. По обыкновению, мы сидели у генерала и разговаривали, но после слов Вилы мы замолчали. Не знаю, о чем думал генерал, я уверен, во всяком случае, что каждая его мысль была редактирована в самых любезных выражениях. Вила встряхивал головой и, выпрямляясь, глядел перед собой стеклянными бессмысленными глазами.

А я думал об амазонках. Еще тогда я чувствовал нелюбовь к олеографическому героизму этих воинов в юбках, — но о товарище Брак я думал иначе. Судьба втиснула ее в нелепую и жестокую дребедень батальной российской революции, но ее собственный образ оставался для меня непогрешимым. «Товарищ Брак! Я призываю в свидетели генерала Сойкина и учителя Вилу: нас нельзя упрекнуть в нерыцарском отношении к вам». Я пробормотал эти слова, огорченный генерал поднял голову и сказал:

— Товарищи, завтра утром мы едем вслед за Татьяной Брак.

Ночью мы возились, упаковывали вещи, а утром уже садились в поезд, идущий на юг. Когда хозяин дома, узнав об отъезде генерала, прибежал к нему с просьбой остаться, генерал ответил:

— Ваш дом теперь вам не принадлежит, денег вам платить нельзя. Я выполнил мой долг.

— Но куда же вы едете?

— В неизвестном направлении, — сказал генерал.

Но нам было суждено опоздать — и всегда после этого генерал с ненавистью вспоминал о жестокой ошибке времени, причем он ругал время так, точно это громадное и шумное

140

понятие было живым человеком, нас неслыханно оскорбившим.

Мы опоздали — и, подъезжая к станции Павлоград, узнали ошеломляющую новость: карательный отряд правительственных войск во главе с товарищем Сергеевым захватил дружину анархистки Брак. Дружина была расстреляна, спасся один человек — Лазарь Рашевский. Генерал долго молча сидел на длинной скамье в зале третьего класса. Затем мы вышли в поле, увидели эти трупы и, несколько в стороне от них, — тело товарищ Брак. Она лежала в панталонах и рубашке. «Мертвые срама не имут!» — закричал Вила. Голова товарища Брак была разнесена пулями: одна пуля попала под мышку, и на вывороченном мясе торчали обледеневшие волосы. Белые ноги товарища Брак раскинулись на мерзлом снегу: в полуоткрытом рту чернел остановившийся маленький язык.

— Наверное, товарищ Сергеев еще на станции, — сказал генерал. Вила шарахнулся в сторону, услышав эти слова, хотя генерал говорил тихо и внятно.

Действительно, товарищ Сергеев еще не уехал. Вагон первого класса стоял на второй линии рельс, охраняемый долговязым часовым. Мы обошли вокзальное здание. Весь отряд отправился в город громить большой винный склад, и на станции оставались только товарищ Сергеев и часовой. Генерал, не задумываясь, подошел к вагону, — и часовой загородил ему дорогу.

— Входа нет, товарищ, — сказал он. Чисто выбритое лицо Сергеева мелькнуло в окне.

— Входа нет, — повторил часовой, но, посмотрев на генерала, понизил голос и прошептал:

— Я караул скричу.

Генерал вырвал винтовку из его руте и ударил его наотмашь по лицу. Часовой осел: спина его заскользила по лакированному дереву вагона, ноги ушли в снег, и облитая кровью голова тихо стукнулась об рельсу. Генерал вошел в вагон. Сергеев, увидев его, схватился за револьвер, но не успел его вытащить: генеральские пальцы уже вцепились в его руку.

— Вы расстреляли товарища Брак, — сказал генерал. Сергеев молчал и отчаянно озирался по сторонам. — Вы себе не можете представить, что это был за человек, — сказал генерал и всхлипнул. Он отпустил правую руку Сергеева, которая беспомощно повисла; ее побелевшие пальцы не шевелились. Затем он охватил обеими руками шею Сергеева и начал медленно сжимать ее. Сергеев побагровел и задергался. — Не сопротивляйтесь, — сказал вошедший в вагон Вила, — он физически очень сильный человек, я хочу сказать, генерал Сойкин. Я даже, знаете, однажды с ним такое пари держал... — Слезы заструились из глаз Сергеева.

— Думаешь, я не плакал? — сказал генерал. Через полминуты коммерсанта, донжуана и начальника карательного отряда Сергеева не существовало: в его вагоне лежал труп с выкатившимися глазами и с глубокими синими следами пальцев на шее.

— Боже мой, — бормотал генерал, — какая жестокость!..

И мы исчезли в черных туманах смуты. Нас бросало из стороны в сторону, сквозь треск и свист. Осыпанные землей и искрами, мы брели и гибли, цепляясь глазами за пустые синие потолки неба, за хвостатые звезды, падающие вниз со страшных астрономических высот. Мы жили в дымящихся снегах и взорванных водокачках, мы переходили бесчисленные мосты, обрушивающиеся под нашими ногами; мы попадали в шумные города, дребезжавшие обреченными оркестрами веселые арии опереток; мы видели невероятных женщин, отдающихся за английские ботинки на мрачных скатах угольных гор железнодорожных станций, мы видели бешеных коров и сумасшедших священников, — мы далеко заглянули за тяжелые страницы времени: десятки искалеченных Богемий покорно умирали перед нами: люди, качавшиеся на российских высоких перекладинах, молча глядели на нас.

И Лазарь Рашевский не вынес такого путешествия. Он был захвачен белыми солдатами и обвинен в шпионаже. Его, раздетого, повезли в теплушке с пылающей печью в штаб генерала Сивухина, били его по бритой голове раскаленным шомполом, но он не выдал никого. Утром следующего дня его должны были повесить. Он храбро встретил смерть, не вздыхал, не жаловался. Но близость конца заставила его, я думаю, пожалеть о Татьяне Брак и ее гибели, в которой виновен был он. И Лазарь совершил сентиментальный поступок, о котором он пожалел бы сам, если бы остался жив. Он попросил, чтобы его провели к генералу Сивухину, и сказал, что хочет сообщить ему лично несколько важных сведений. Но это была неправда. Он остановился перед седым мужчиной с квадратным черепом и сказал своим резким голосом:

— Господин генерал, завтра меня повесят. — Генерал кивнул головой. — Я хотел бы просить вас об одном одолжении. В вашем поезде есть рояль, я слышал, как кто-то играл. Я очень хороший пианист, господин генерал, разрешите мне сыграть что-нибудь сегодня вечером.

— Играйте на здоровье, — сказал генерал.

Когда Вила рассказывал нам об этом, я сидел, опустив голову, и все силился что-то вспомнить. И уже когда Вила кончил говорить, перед моими глазами встала строчка из André Chenier:

— «Au pied de l'échafaud j'essaye encore ma lyre»[32].

Лазарь Рашевский играл целый вечер. Я не знаю, как он играл, — думаю, что гораздо хуже, чем обыкновенно. Его слушали генеральские сестры милосердия в белых косынках с крестиками и штабные офицеры. Все были растроганы, сестры даже плакали в носовые платки.

— А все-таки правосудие прежде всего, — сказал генерал: и на следующее утро Лазаря повесили на железнодорожном мосту, приколов к груди бумажку:

«За шпионаж в пользу бандита и анархиста Махно».

Но вот, — кончаются героические циклы и утекает чрезвычайно много воды, как говорит генерал, и мы вновь видим себя в нашем нищенском благополучии. Генерал проводит время в лирических некрологах, Вила изучает историю парламентаризма. И я вижу встающий из рухнувшего хлама календарей — черный силуэт товарища Брак, проходящий в пустынных улицах.

Париж. 1.XII.1927

---

[32] Андре Шенье: «И на ступенях эшафота не расстаюсь я с лирой» (фр.).